Bottle Label Collection

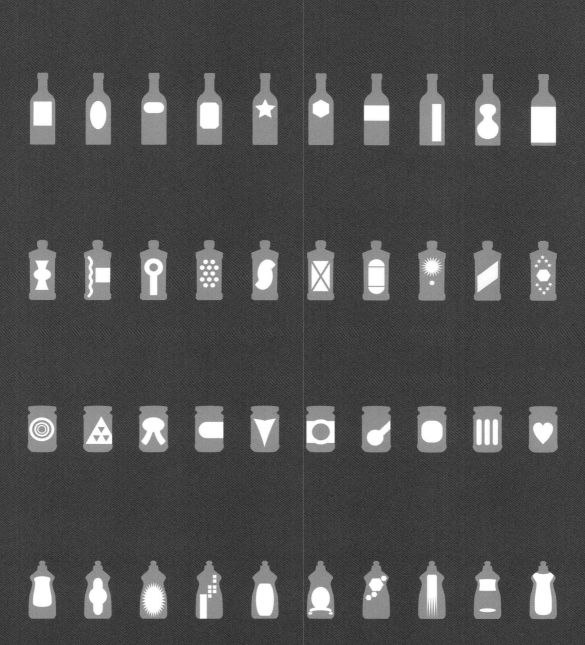

PIE BOOKS

Bottle Label Collection
ボトルラベルコレクション

PIE BOOKS
2-32-4, Minami-Otsuka, Toshima-ku, Tokyo 170-0005 JAPAN
Tel: +81-3-5395-4811 Fax: +81-3-5395-4812

e-mail:
editor@piebooks.com
sales@piebooks.com
http://www.piebooks.com

ISBN4-89444-281-7 C3070
Printed in Japan

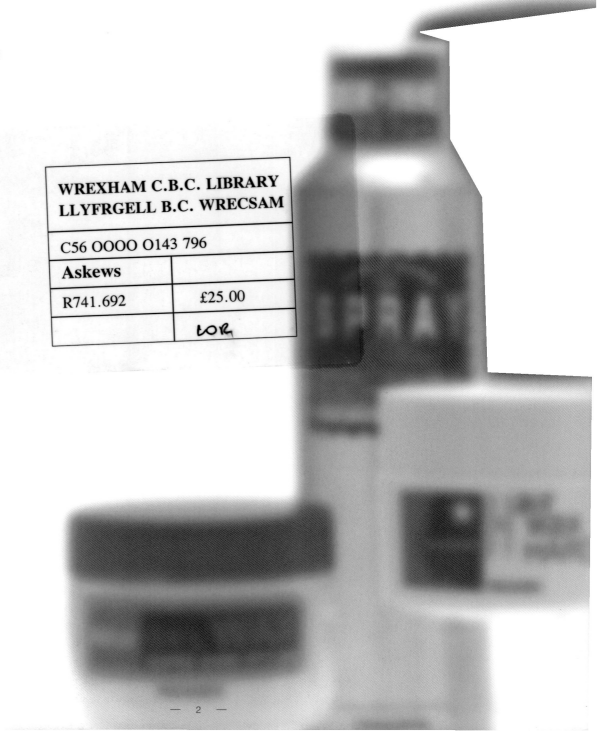

CONTENTS

はじめに

店頭で新しい商品を見つけた時、それを試してみたいと思う理由のひとつに、その製品のラベルデザインに惹かれて、という場合があります。品質は使ってみなければわからないけれど、ラベルデザインにはその場で判断出来る要素がつまっているからです。

成分にこだわって選びたいものや、置き場所や自分の部屋にあったデザインの製品を選びたいもの、自分の年代にあうものが欲しい場合や、ちょっとしたプレゼントを探している時など、その時々で目につくラベルも違ってきます。

最初は見た目で選んだ商品でも、その品質がよければ、それは、それまでの生活よりちょっと楽しい毎日を過ごさせてくれたりします。

必需品をはじめ、あると便利な品物や少し贅沢な品物まで、見渡せば、ありとあらゆる製品に囲まれて日々を暮らしているのですから、お気に入りの商品を見つけられるのは、意識している以上に大切なことかもしれません。

本書では、ごくあたりまえに自分たちのまわりにある商品を、お酒、美容品、食品、生活用品のカテゴリーに分け、ボトルタイプの製品を中心に、様々な視点から、手にとってみたい、と思えるデザインの商品を選び集めてみました。各商品の特徴も紹介しています。

本書で、ちょっとだけ毎日の生活が楽しくなったり、そんな商品が今後ももっともっと増えていくきっかけになる事を願ってます。

EDITORIAL NOTE

Credit Format
クレジットフォーマット

商品名／製造国

商品紹介

  IS ：輸入元、販売元／取材協力店

  M ：製造元、製造メーカー

  DF ：デザイン会社

  D ：デザイナー

  問 ：問い合わせ先

価格・容量

＊取材協力店は頭文字で記載しています。

  紀＝紀ノ国屋、ソ＝ソニープラザ、ジ＝ジェイジョニー

  本誌に記載されている価格と、取材協力店の販売価格は異なる場合があります。

＊本書に掲載されている商品は'03年1月〜4月に集められたものです。

  商品のデザイン、価格、発売等に関しては変更される可能性があります。

＊輸入元、販売元の意向によりクレジットの一部を記載していないものがあります。

＊各企業の法人の種別（株式会社、有限会社等）は省略しています。

ALCOHOL

WINES

WHISKIES

COCKTAIL SPIRITS & LIQUEURS

SAKE & C.

BEERS

ALCOHOL

パシフィック・リム・リースリング / USA
カリフォルニア州、ワシントン州、本場ドイツのモー
ゼル地方からのリースリング種100％で造られた爽
やかでフルーティーなワイン。

IS：廣屋インターナショナル
M：ボニー・ドゥーン・ヴィンヤード
㊞：廣屋インターナショナル
¥2,010（750㎖）

フルール・ドゥ・リューズ / FRANCE
白い花、白い果実の香り、バランスのとれた味
わい。ラベルのデザインは毎年変更される。

IS：廣屋インターナショナル
M：ア・ドゥ・リューズ・エ・フィス社
㊞：廣屋インターナショナル
¥1,210（750㎖）

サンチャゴ・ルイス / SPAIN
スペインで幻の白ワインといわれ、レモンなどの香
りのする、ゴールデン・イエロー。魚介類にぴった
り合う。

IS：廣屋インターナショナル
M：ボデガス・ラン社
㊞：廣屋インターナショナル
¥3,010（750㎖）

ガヴィ・フォルナチ・ディ・タッサローロ
ITALY
バローロからバルバレスコ、アスティ等も造っている。緑がかった黄金色。柑橘類に似た香りもある。酸のバランスがよい。

IS：廣屋インターナショナル
M：ミケーレ・キャルロ社
問：廣屋インターナショナル
¥3,510（750㎖）

ロエーロ・アルネイス / ITALY
緑がかった麦わらの黄色。ライムやミント、アプリコットのような香りがする。極めてバランスが良く取れているワイン。

IS：廣屋インターナショナル
M：ミケーレ・キャルロ社
問：廣屋インターナショナル
¥2,010（750㎖）

ドゥ・リューズ・メルロー / FRANCE
ボルドー最大のネゴシアン。多くの古酒も所有。赤い果実の香り。南仏オック県産の地酒。

IS：廣屋インターナショナル
M：ア・ドゥ・リューズ・エ・フィス社
問：廣屋インターナショナル
¥1,010（750㎖）

デリカート・シラー
USA
深いガーネット色を帯び、トーストした樽香にプラムやブラックベリーの香りが調和した、絹のような柔らかさを持つワイン。

IS：アサヒビール
M：デリカート・ファミリー・ヴィンヤーズ
簡：アサヒビール
¥1,110（750㎖）

サンテミリオン / FRANCE
甘い果実を思わせるスパイシーな香り、バランスよく強いアルコールを感じさせる厚みある味が特徴。

IS：サッポロビール
M：コーディア
簡：サッポロビール
¥2,210（750㎖）

バルドゥエロ・グラン・レゼルヴァ / SPAIN
よくできた年にだけ、厳選した実のみで造る。アメリカン・オーク樽で最低樽熟2年、瓶熟3年。複雑かつ上品な味わい。

IS：廣屋インターナショナル
M：ボデガス・バルドゥエロ
簡：廣屋インターナショナル
¥8,010（750㎖）

セーニャ / CHILE
濃い色調を湛え、リッチで凝縮感のある複雑で豊かな香りとエレガントな味わい。構成のしっかりしたスーパープレミアムワイン。

IS：アサヒビール
M：カリテラ
簡：アサヒビール
¥10,010（750㎖）

キャンティ・クラシコ / ITALY
ボディがあって骨格がしっかりした、バ
ランスの良いワイン。若いうちから楽し
めるが、熟成と共にさらによくなる。

IS：廣屋インターナショナル
M：カステリョ・ディ・ヴィラッツァーノ社
間：廣屋インターナショナル
¥2,810（750㎖）

メルロー・デラ・ベルガマスカ / ITALY
ベルガマスカ地方で厳選されたメルロー種の特
徴を完璧に持ち合わせたワイン。シチューやハ
ムとの相性がよい。

IS：サッポロビール
M：ベルガマスカ
間：サッポロビール
¥981（750㎖）

グレッグ・ノーマン・カベルネ・メルロー
AUSTRALIA
プロゴルファーのグレッグ・ノーマンが銘醸地ク
ナワラに所有するワイナリー。クナワラ産のカベ
ルネとメルローを使用した、力強く、上品で豊か
な味わいのワイン。

IS：メルシャン
M：グレッグ・ノーマン・エステイト
間：メルシャン
¥2,510（700㎖）

シャトー・グリュオー・ラローズ 1997
FRANCE
ブラックプラム、黒すぐり、煎ったコーヒー豆の
豊かなアロマ、非常に強烈なフレーバーが充実
した層をなしている味わい。

IS：サッポロビール
M：コーディア
間：サッポロビール
¥15,010（750㎖）

プリンセス・メッテルニヒ 1998
AUSTRIA
貴族メッテルニヒ家の農園でつくられ、華や
かな香りと優しい酸味のエレガントな味わい
が特徴。

IS：サントリー
M：トラガウアー
㊙：サントリー
¥オープン（750㎖）

バロン・デ・チレル / SPAIN
ミネラル、ラズベリーなどが複雑に絡みあった複雑なア
ロマと、繊細なタンニンの柔らかな口当たりが特徴。

IS：サッポロビール
M：マルケス・デ・リスカル
㊙：サッポロビール
¥9,719（750㎖）

モーツァルトワイン / AUSTRIA
モーツァルトの音楽をイメージして、ほの
かに甘味を残したエレガントな風味に仕
立てられた赤ワイン。

IS：サントリー
M：トラガウアー
㊙：サントリー
¥オープン（750㎖）

**ロス・ヴァスコス・カベルネ・
ソーヴィニヨン / CHILE**
しっかりとしたコクとなめらかな口当たりが楽し
める、バランスのよい赤ワイン。

IS：サントリー
M：ロス・ヴァスコス
㊙：サントリー
￥オープン（750㎖）

**ルイジ・ボスカ・
カベルネ・ソーヴィニヨン
ARGENTINA**
カベルネ・ソーヴィニヨン種なら
ではのしっかりしたタンニンと、
豊かな果実味が魅力的。

IS：サントリー
M：レオンシオ・アリス
㊙：サントリー
￥オープン（750㎖）

エグリ・ビカヴェール / HUNGARY
「雄牛の血」と呼ばれるハンガリーを代表する赤
ワイン。鮮やかなルビーの色合いと赤ワイン
ならではのこくのある飲み心地を楽しみたい方に
お勧め。

IS：メルシャン
M：フンガロヴィン
㊙：メルシャン
￥931（750㎖）

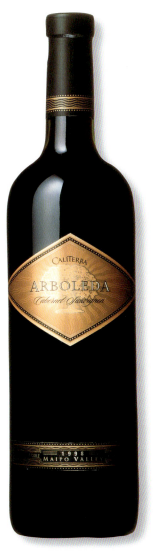

**カリテラ アルボレダ
カベルネ・ソーヴィニヨン
CHILE**
ブラックベリーやジャムのよう
な優雅な香りとチョコレートや
革のニュアンスをあわせもつ、
芳醇な味わいのワイン。

IS：アサヒビール
M：カリテラ
㊙：アサヒビール
￥2,010（750㎖）

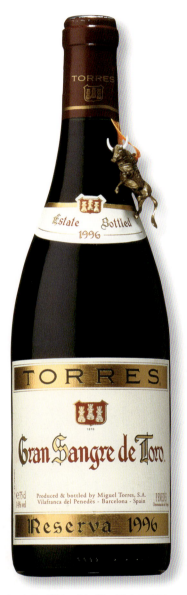

トーレス・グラン・サングレ・デ・トロ1996
SPAIN
フルボディで熟成感があり、適度な渋味が口中で持続
する。

IS：サントリー
M：トーレス
㊙：サントリー
¥オープン（750㎖）

シグロ・レゼルヴァ／SPAIN
樽熟1年、瓶熟を最低2年行った芳醇な香りとまろやかな
風味を持つワイン。

IS：サントリー
M：AGE
㊙：サントリー
¥オープン（750㎖）

ヒツル・トカイ・アスー 6プトニョス 1995
HUNGARY
貴腐葡萄を果汁でマセレーションした、最も伝統的であ
りながら最も新しいタイプ。

IS：サントリー
M：トカイ・ヒツル
㊙：サントリー
¥オープン（750㎖）

ピースポーター・ミヒェルスベルグ
GERMANY
モーゼル・ザール・ルーヴァー地方の上級ワイン。豊かな芳香のある、新鮮でフルーティーな味わい。

IS：廣屋インターナショナル
M：クラウス・ディルマン社
㈲：廣屋インターナショナル
¥1,010（750㎖）

シャブリ・アンリ・バシェイ / FRANCE
フランス・ブルゴーニュ地方で最も北に位置し、辛口白ワインの代名詞のようなワイン。ミネラル風味を持ったキレのよい辛口。

IS：廣屋インターナショナル
M：レーヌ・ペドーク社
㈲：廣屋インターナショナル
¥2,010（750㎖）

ヤラバンク・キュヴェ・ナンバー・ワン
AUSTRALIA
口に含むと最初にペアの皮や柑橘類のような香りが感じられ、赤い果実やナッツのような香りもミックスし、魅惑的なシャンパン・メソッドのスパークリングワイン。

IS：廣屋インターナショナル
M：イエリング・ステーション
㈲：廣屋インターナショナル
¥3,810（750㎖）

リープフラウミルヒ
GERMANY
ドイツを代表するポピュラーで人気のあるワイン。リープフラウミルヒとは「聖母の乳」の意味。ラベルにふさわしく、柔らかでふくよかな味わい。

IS：廣屋インターナショナル
M：クラウス・ディルマン社
㈲：廣屋インターナショナル
¥810（750㎖）

カルネロス・シャルドネ
USA
シトラスやトロピカルフルーツ、バターやバニラなどを思わせる複雑な香りと風味が特徴の辛口ワイン。

IS：サッポロビール
M：ブエナ・ビスタ
㊞：サッポロビール
¥2,810（750㎖）

ペティアン・ド・リステル
FRANCE
フレッシュでフルーティーな香りと、はじけるさわやかな口当たりが魅力のワイン。アルコール分3%以下。

IS：サッポロビール
M：リステル
㊞：サッポロビール
¥1,462（750㎖）

コントゥ・ラブレ 白 / FRANCE
フレッシュでフルーティーな香り、調和の取れた爽やかな酸味が魅力の飲みやすいワイン。

IS：サッポロビール
M：ラブレ・ロワ
㊞：サッポロビール
¥オープン（750㎖）

コート・デュ・ヴァントー 白
FRANCE
花の香りやフルーツの香りに近いアロマとまろやかな味が特徴の、甘さと酸味のバランスが取れたフレッシュワイン。

IS：サッポロビール
M：ラブレ・ロワ
㊞：サッポロビール
¥990（750㎖）

シャンテヴィーニュ 赤
FRANCE
渋みの少ないまろやかな味わい、長く豊かな余韻が楽しめるブルゴーニュ産ワイン。シラー種使用。

IS：サッポロビール
M：ラブレ・ロワ
㊞：サッポロビール
¥810（750㎖）

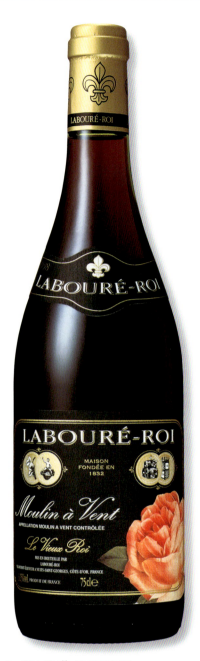

ゴールデール・
グラン・クリュ・
ゲヴュルツトラミネール
FRANCE
海抜250〜350mに位置した村
で栽培される種を使用して作ら
れたワイン。

IS：サッポロビール
M：ファッフェンハイム
㈲：サッポロビール
¥4,670（750㎖）

モンテラ・シャルドネ
USA
樹齢25年のシャルドネから造
られるふくよかで果実味豊か
なワイン。熟したりんごやコ
コナッツ、バターボールを思
わせる香りと、バランスのと
れた酸味。

M：デリカート
㈲：アサヒビール
¥2,510（750㎖）

ムーラン・ア・ヴァン / FRANCE
華やかなルビー色が印象的。ベリー系の魅惑的な香りを
持っていて、深みのある果実味が適度なタンニンを醸し
出している。

IS：サッポロビール
M：ラブレ・ロワ
㈲：サッポロビール
¥2,437（750㎖）

トケイ・ピノ・グリ・
キュヴェ・ラブレー
FRANCE
芳醇でコクがあり、フォアグラな
ど高級な料理と一緒に楽しむの
が最適なアルザスのワイン。

IS：サッポロビール
M：ファッフェンハイム
㈲：サッポロビール
¥2,923（750㎖）

カリテラ ピノ・ノワール
CHILE
チリで最も冷涼なカサブラン
カ・ヴァレー産のピノ・ノワー
ル100％から造られる、果実味
にあふれたエレガントな味わ
いのワイン。

IS：アサヒビール
M：カリテラ
㈲：アサヒビール
¥1,110（750㎖）

ロバート・モンダヴィ・
ウッドブリッジ・
シャルドネ / USA
余韻は滑らかで長く続き、フォー
マルにもカジュアルにも良い、
優れたバランスを持ったカリフォ
ルニアワイン。

IS：メルシャン
M：ロバート・モンダヴィ・
　　ワイナリー
㉑：メルシャン
¥1,110（750㎖）

ピア・ドール 白
FRANCE
ユニブラン種とコロンバード種
が主体の、洋ナシや花のような
香り、さわやかな果実の甘みを
持つ飲み口のやわらかいワイン。

IS：メルシャン
M：ピア・ペール・エ・フィス
㉑：メルシャン
¥980（750㎖）

コンチャ・イ・トロ・
サンライズ・シャルドネ
CHILE
アンデスの麓に広がる自園育ち
シャルドネ種を使った辛口ワイ
ン。若々しくフルーティーな味わ
いとかすかにスモーキーで華や
かな香り。

IS：メルシャン
M：コンチャ・イ・トロ
㉑：メルシャン
¥1,175（750㎖）

ロザート・デラ・カーサ
ITALY
イタリア産ぶどうで造ったすっき
りとした味わいの辛口ロゼワイ
ン。フルーティーな香りが特徴。

IS：サッポロビール
M：カンパニオーラ
㉑：サッポロビール
¥710（750㎖）

バローロ・
モンプリヴァート
ITALY
イタリア最高級ワインのひと
つで、ラベルには限定番号が
刻まれている。肉料理全般に
合うフルボディ。

IS：サッポロビール
M：ジュゼッペ・マスカレロ
㉑：サッポロビール
¥9,719（750㎖）

マルケス・デ・トゥーリア ロゼ / SPAIN
バレンシア地方産の豊かなラズベリーの香りが特徴のワイ
ン。100年以上の伝統と最先端技術により造られている。

IS：サッポロビール
M：ガンディア
㈱：サッポロビール
¥760（750㎖）

シャルドネ・レゼルヴァ・スワン・ラベル / SPAIN
スペイン・バレンシア地方に位置するメーカー。緑がかった
薄い黄色。花の香りと柑橘類の香り。フレッシュで柔らかな
ワイン。

IS：廣屋インターナショナル
M：ヴィンセンテ・ガンディア
㈱：廣屋インターナショナル
¥1,210（750㎖）

アマローネ・デラ・ヴァルポリチェラ・クラシコ / ITALY
ヴェネト州にある、伝統的な造り手(ワイナリー)。ドライフルーツやジャムのような熟した香り。アルコール度も高く、フルボディ。

IS : 廣屋インターナショナル
M : トマジ・ヴィティコルトリ社
㈲ : 廣屋インターナショナル
¥5,010(750㎖)

カーサ・マデロ・シャルドネ
MEXICO
完熟したトロピカルフルーツの香りと樽の香ばしい味わいのバランスが絶妙なメキシコワイン。

IS : サッポロビール
M : カーサ・マデロ
㈲ : サッポロビール
¥1,510(750㎖)

ロンデル エクストリーム / SPAIN
スパークリングワイン。厳選されたぶどうを用い、より丁寧に熟成させた、フレッシュで洗練された辛口の味わい。

IS : メルシャン
M : コドーニュ
㈲ : メルシャン
¥1,390(750㎖)

ビュルガーシュピタール・ツーム・ハイリンゲンガイスト・チュンガースハイマー・シャルラッハベルク・カビネット・トロッケン / GERMANY
醸造所はギネスブックにも載った古い歴史と、療養所を兼ねていることで有名。バランスのよい風味に満ちた味。

IS : サッポロビール
M : ビュルガーシュピタール醸造所
㈲ : サッポロビール
¥2,437(750㎖)

ブラックバード・
ベライヒ・
ベルンカステル
GERMANY
ミュラー・トゥルガウ種の個性
を生かした果実味豊かなフレ
ッシュワイン。

IS：サッポロビール
M：ラッケ
㉿：サッポロビール
¥1,466（750㎖）

ツェラー・シュヴァルツェ・
カッツQbA / GERMANY
心地よい酸味が感じられる、や
や甘口の爽やかな白ワイン。
「黒猫」ラベルで世界的に有名
な産地。

IS：月桂冠
M：ドムヘレンベルク醸造所
㉿：月桂冠
¥981（750㎖）

ツェラー・シュヴァルツェ・
カッツ
GERMANY
シュヴァルツェ・カッツとは、黒
猫の意味。味も親しみやすい
ソフトでやや甘口ワイン。

IS：廣屋インターナショナル
M：クラウス・ディルマン社
㉿：廣屋インターナショナル
¥1,010（750㎖）

ツェラー・シュワルツ・
カッツ・Q.b.A.
GERMANY
日本で最も人気のあるドイツワ
インのひとつ。シーフード、軽
い食事にぴったりのエレガント
でソフトな味わい。

IS：メルシャン
M：グスタフ・アドルフ・
シュミット
㉿：メルシャン
¥1,310（750㎖）

アモーレマジコ / ITALY
繊細な口当たりとエレガントな泡立ちに加え、
爽やかな甘さとマスカットの優しい香りは冷や
すとよりおいしくなる。

IS：メルシャン
M：トルティ・ディーノ
㉿：メルシャン
¥1,607（750㎖）

**ポレール セパージュ
ソーヴィニヨン・ブラン
JAPAN**
フランスのボルドー、ロワールを代表する品種を使用。爽やかな香りとすっきりとした口当たりが特徴。

IS, M：サッポロビール
㋺：サッポロビール
¥981（720㎖）

**無添加ワイン物語
JAPAN**
酸化防止剤を一切使わずに、自然のままの風味を大切にしたワイン。すっきりした飲み口で口当たりもまろやか。

M：サントネージュワイナリー
㋺：アサヒビール
¥495（720㎖）

**ポレール 海の酵母のワイン甲州
JAPAN**
独自の低温管理システムと海洋酵母で醗酵させることにより、甲州ワインに新しい世界を開いた。まろやかで奥行きのある飲み口。

IS, M：サッポロビール
㋺：サッポロビール
¥1,010（720㎖）

**ボン・ヴィヴァン 赤
FRANCE**
飲みあきしないやや辛口のテイスト。収穫、栽培地が限定された「ヴァン・ド・ペイ」表示のあるワンランク上のテーブルワイン。

IS：メルシャン
M：C.V.B.G.
㋺：メルシャン
¥オープン（750㎖）

**シャトー・メルシャン
長野シャルドネ
JAPAN**
長野県千曲川周辺地区と塩尻市で栽培されたシャルドネを厳選し、丹念に醸造した。果実の凝縮した香りと柔らかな酸を伴った厚みのある端正なワイン。

IS, M：メルシャン
㋺：メルシャン
¥2,510（750㎖）

ポレール 桃のワイン / JAPAN
ワインに天然の桃果汁をプラス。もぎ
たての桃を思わせるフルーティーな甘さ
とみずみずしい余韻が魅力。

IS, M：サッポロビール
㈲：サッポロビール
¥686（500㎖）

セブンデイズ赤 / USA
日本向けに開発されたデイリーワイン。
フレッシュで飲みやすい口当たりを持
ち、よく冷やして気軽に楽しめる辛口の
ワイン。

IS：キリンビール
M：キリンディスティラリー
㈲：キリンビール
¥860（750㎖）

フィオ ピーチ＆ロゼ / JAPAN
軽いロゼワインに、厳選した国内産
白桃のストレート果汁を搾り、今まで
にないスッキリ味に仕上げたフルーツ
ワイン。

IS, M：メルシャン
㈲：メルシャン
¥490（720㎖）

ビストロ ロゼ / JAPAN
毎日の食事もあわせて気軽に楽しみ
たいデイリーワイン。酸味と甘みを押
さえたあっさりとした味わいの爽やか
な甘口が魅力。

IS, M：メルシャン
㈲：メルシャン
¥390（720㎖）

ボン・ブラン / JAPAN
通常白ワインの約2倍（当社比）の有機酸を含んだ、健やかワインシリーズの白。有機酸はおいしさに役立つ酸味で、最近では消化促進、抗菌効果などでも話題になっている成分。

IS, M：メルシャン
㉠：メルシャン
¥590（720㎖）

ヴァン・ド・ペイ・ドック
カベルネ・ソーヴィニヨン
FRANCE
完熟した果実の香味にあふれ、適度なタンニンも感じられるバランスの取れた赤ワイン。

IS：月桂冠
M：シェ・ボーケロワ
㉠：月桂冠
¥981（750㎖）

ニアシュタイナー・
グーテス・ドームタール・
カビネット / GERMANY
なめらかでバランスの取れたリーブリッヒ（中甘口）の白ワイン。

IS：月桂冠
M：ペーター・メルテス
㉠：月桂冠
¥1,310（750㎖）

ピースポーター・
ミヘルスベルク
GERMANY
リースリング種の風味にあふれ、軽い口当たりが心地よいモーゼル地方の代表的なワイン。

IS：サッポロビール
M：ラッケ
㉠：サッポロビール
¥1,175（750㎖）

ラゴブルー 赤 / ITALY
北イタリア・ヴェネト州の名醸ワイナリーからお届けするラゴブルー。軽やかで飲みやすい、やや辛口のテイスト。

IS：メルシャン
M：カディス
㉠：メルシャン
¥オープン（750㎖）

マンズ ハーベスト ブラン
JAPAN
ボルドーの主要品目であるソーヴィニヨン・ブランとセミヨンを確かな技術でブレンドした辛口白ワイン。

IS, M：キッコーマン
㉠：キッコーマン
¥960（720㎖）

グランポレール 北海道余市 貴腐 / JAPAN
北海道余市にある契約栽培ぶどう園で収穫されたケルナー種の
貴腐ぶどうを100%使用して丹念に醸造した、ボレールの一品。

IS, M：サッポロビール
問：サッポロビール
¥30,010（720㎖）

**グランポレール 長野ぶどう園古里カルベネ
ソーヴィニヨン1996 / JAPAN**
長野にある自園で栽培されたぶどうのみを使った、優雅な香りと
渋みのしっかりしたプレミアムワイン。

IS, M：サッポロビール
問：サッポロビール
¥3,010（720㎖）

アンノック12年 / UK
透明感に満ちた鮮やかな琥珀色と匂いたつ軽やかなピート香が特徴。12年という長期の樽熟成が際立って滑らかな飲み口になっている。

IS：廣屋インターナショナル
M：ノック・デュー・ディスティラリー
問：廣屋インターナショナル
¥4,000（700㎖）

インバーハウス（40度） / UK
多種類のモルトがブレンドされ、ライトでスムーズなのど越し、樽熟成によるタフィーやバニラの香りがありバランスが良い。

IS：廣屋インターナショナル
M：インバー・ハウス・ディスティラーズ
問：廣屋インターナショナル
¥1,800（700㎖）

ボウモア30年陶製ボトル / UK
アイラ島ボウモアの海辺に伝わるドラゴン伝説をモチーフにした陶製ボトル、同じデザインの豪華化粧箱入り。

IS：サントリー
M：ボウモア
問：サントリー
¥99,000（700㎖）

グランツ・ファミリーリザーブ / UK
スペイサイド地方の25種類以上のモルト原酒と最高品質のグレーンウイスキーの原酒をブレンドしたもので、三角形のボトルが特徴。

IS：メルシャン
M：ウイリアム・グラント＆サンズ
問：メルシャン
¥1,800（700㎖）

グレン・グラント / UK
軽やかで飲みやすいピュア
モルトウイスキー。

IS：キリンビール
M：ウイスク・イー
間：キリンビール
¥20,000（700㎖）

**ブッシュミルズ・シングル
モルト10年** / UK
スマートな口当たりの中にシェ
リーやバニラ、蜜の香りを
持つアイリッシュ・シングル
モルト。

IS：明治屋
M：ジ・オールド・
　　ブッシュミルズ・
　　ディルティラリー
間：明治屋
¥6,900（750㎖）

ベン・ネヴィス / UK
スコットランドの最高峰の山の名にふさわし
い、香り高くまろやかな味わいのスコッチウイ
スキー。

IS：アサヒビール
M：ベン・ネヴィス
間：アサヒビール
¥10,000（700㎖）

イエローストーン7年 / USA
ライトでメロウな味わいのバーボン。イエ
ローストーン独特のサマー・マッシュ製法
がその風味をつむぎ出している。

IS：サッポロビール
M：D.シャーマン
間：サッポロビール
¥3,390（750㎖）

パイパーズ / UK
バグパイパーをラベルに
記した伝統のスコッチ。

IS：キリンビール
間：キリンビール
¥2,020（700㎖）

カナディアンクラブ ブラックラベル
CANADA
ハイラム・ウォーカー社が、伝統技術の粋を
集めて、1986年にブレンドした香りひときわ
高いウイスキー。

IS：サントリー
M：ハイラム・ウォーカー
間：サントリー
¥3,930（700㎖）

ザ・グレンドロナック15年 / UK
すべてがクラシカルなつくりの正統派ハイランドモルトの逸品。シェリー樽原酒100%使用。

IS：サントリー
M：グレンドロナック
(問)：サントリー
¥10,000（700㎖）

アルバータ・スプリングス10年
CANADA
上質なライ麦を使用した、マイルドな口当たりの10年熟成のカナディアン・ウイスキー。

IS：アサヒビール
M：アルバータ
(問)：アサヒビール
¥3,940（750㎖）

ボウモア15年マリナー / UK
海辺の地下貯蔵庫で長期熟成したため、華やかなピート香に海藻の香りが溶け合い、甘く深いシェリー香も効いている。

IS：サントリー
M：ボウモア
(問)：サントリー
¥10,000（700㎖）

ゴードンハイランダーズ / UK
個性的なモルトウイスキーと最高級のグレイン・ウイスキーの巧みなブレンドによる味わい深く、口当たりなめらかなスコッチウイスキー。

IS：メルシャン
M：ウイリアム・グラント＆サンズ
(問)：メルシャン
¥4,500（700㎖）

クラン・マクレガー / UK
大麦を原料にスコットランドで造ら
れるウイスキー。

IS：メルシャン
M：ウイリアム・グラント&サンズ
(問)：メルシャン
¥1,300（700㎖）

グレンフィディック 15年 ソレラリザーブ / UK
シェリー樽、オーク樽、新オーク樽の3種類の樽で最低
15年間熟成したモルトをバッティングしたモルト。

IS：サントリー
M：グレンフィディック
(問)：サントリー
¥8,000（700㎖）

パスポート / UK
世界中の人々に愛飲されている国際派スコッチ。

IS：キリンビール
M：ウイリアム・ロングモア
(問)：キリンビール
¥1,990（750㎖）

ALCOHOL

軽井沢VINTAGE / JAPAN
シェリー樽で長期貯蔵した、
1971年から1990年蒸留までのヴ
ィンテージ・モルトウイスキー。
年代別に価格が異なる。

IS, M：メルシャン
間：メルシャン
¥6,000〜56,000（700㎖）

山崎10年 / JAPAN
口当たりはスムーズでやわらかく、熟成感のある
力強いコクをもち、ウッディーなアフターテイスト
が続く。

IS, M：サントリー
間：サントリー
¥4,000（700㎖）

軽井沢ピュアモルト12年 / JAPAN
2001年ロンドンで行われた「インターナショナ
ル・ワイン・アンド・スピリッツ・コンペティショ
ン（IWSC）」のワールドワイドウイスキー部門で
金賞受賞。

IS, M：メルシャン
間：メルシャン
¥3,000（700㎖）

トリスウイスキー / JAPAN
良質モルトの良い香り、飲みやすく飽
きのこないライト＆クリーンな風味。

IS, M：サントリー
間：サントリー
¥840（640㎖）

響 / JAPAN
サントリー創業90周年を記念して登場。後熟にもたっぷりと時間をかけ、ひときわ深く豪華なハーモニーを追求。

IS, M：サントリー
問：サントリー
¥9,190（700㎖）

鶴 スリムボトル / JAPAN
最高峰ブレンディッドウイスキー。ボトルはウイスキーの父と知られる竹鶴政孝の家に伝わる屏風をモチーフにしている。

IS：ニッカウヰスキー
M：アサヒビール
問：アサヒビール
¥10,000（700㎖）

竹鶴12年ピュアモルト / JAPAN
12年以上も熟成を重ねた上質なモルトだけで仕上げた、香りが良くて飲みやすいピュアモルト。

IS：ニッカウヰスキー
M：アサヒビール
問：アサヒビール
¥2,450（660㎖）

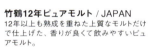

シングルモルト余市15年 / JAPAN
豊かな熟成香とシルキーでスムースな口当たりが特徴。15年以上貯蔵熟成させた余市蒸留所のモルト。

IS：ニッカウヰスキー
M：アサヒビール
問：アサヒビール
¥10,000（700㎖）

シングルモルト仙台12年 / JAPAN
12年以上も貯蔵熟成した仙台醸造所のモルト。フルーティーで甘く華やかな香りとやわらかな口当たりが特徴。

IS：ニッカウヰスキー
M：アサヒビール
問：アサヒビール
¥7,000（700㎖）

ローヤルプレミアム / JAPAN
サントリーが貯蔵する豊富なモルト原酒、グリーン原酒から長期熟成品を厳選してブレンド。

IS, M：サントリー

問：サントリー

① ¥3,000（700㎖） ② ¥4,530（700㎖）

クラウンローヤル / CANADA
英国王への献上酒として生まれたカナディアンウイスキー。

IS：キリンビール

M：ジョゼフ・E・シーグラム＆サンズ

問：キリンビール

¥3,930（750）

① ローヤルプレミアム 12年

② ローヤルプレミアム15年

① ローヤル12年スリムボトル

② ローヤルプレミアム 15年スリムボトル

ローヤル スリムボトル / JAPAN
サントリーが貯蔵する豊富なモルト原酒、ローヤルのスリムボトル。

IS, M：サントリー

問：サントリー

① ¥2,460（660㎖） ② ¥3,700（660㎖）

バランタイン ロイヤルブルー12年 / UK
バランタインのマスターブレンダー、ロバート・ヒックスが日本人の嗜好にあわせて作りだした、日本人のためのスコッチ。

IS：サントリー

M：バランタイン

問：サントリー

¥4,410（700㎖）

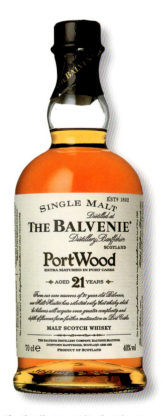

ザ・バルヴェニー 21年 ポートウッド
UK
マチュアリングの最終段階でヴィンテージ・ポート樽に詰め替えて仕上げたユニークな逸品。

IS：サントリー

M：バルヴェニー

問：サントリー

¥27,000（700㎖）

バルブレア・エレメンツ / UK
3年から16年熟成のモルトをヴァテッド
している。口に含むとまず軽い甘味を
感じ舌の奥へゆくと柑橘類のような風
味とピートの香りがする。

IS：廣屋インターナショナル
M：バルブレア・ディスティラリー
⑲：廣屋インターナショナル
¥4,000（700㎖）

テン / JAPAN
10の蒸留所からひとつの新しい
個性を形作ったウイスキー。

IS：キリンビール
M：キリンディスティラリー
⑲：キリンビール
¥4,400（720㎖）

ダルモア シガーモルト / UK
極上のハバナ葉巻に合うよう、アメリカンオークとシェリー
オークで熟成された香り豊かなモルトのバッティング。

IS：明治屋
M：キンダル・インターナショナル・リミテッド
⑲：明治屋
¥8,000（750㎖）

インバーハウス12年 / UK
12年以上の多品種の熟成モルトをブレンド。コクのあるなめ
らかな味わい。

IS：廣屋インターナショナル
M：インバー・ハウス・ディスティラーズ
⑲：廣屋インターナショナル
¥3,500（700㎖）

ワッセンズ8年 / USA
伝統的な100％銅製の蒸留器を用い、焦がしたホワイトオー
クの新樽に入れて熟成のピークまで、8年から12年寝かさ
れる。

IS：廣屋インターナショナル
M：チャールス・メドレー・ディスティタリー
⑲：廣屋インターナショナル
¥6,000（750㎖）

③ オールドエズラ12年

④ オールドエズラ15年

エズラ/ USA

永い年月をかけてゆっくりと丹念に造られた、円熟の味わい。豊かな香りとマイルドな口当たりが特徴。

IS：廣屋インターナショナル
M：エズラ・ブルックス・ディスティリング
問：廣屋インターナショナル

① ¥2,100（750㎖）　② ¥2,700（750㎖）
③ ¥4,000（750㎖）　④ ¥8,000（750㎖）

① エズラ・スタンダード（45度）

② オールドエズラ7年

スーパーニッカ / JAPAN
発売40年を迎えたニッカの代表ブランド。スムースな口当たりとバランスの良いまろやかなウイスキー。

IS：ニッカウヰスキー
M：アサヒビール
問：アサヒビール
¥2,240（750㎖）

ブラックニッカクリアブレンド JAPAN
ノンピートモルトを使用することで、軽やかな香りとすっきりクリアな味わいを実現。家庭用ウイスキーの人気商品。

IS：ニッカウヰスキー
M：アサヒビール
問：アサヒビール
¥910（700㎖）

ホワイトマッカイ / UK
スコットランドを代表するスタンダードスコッチ。

IS：明治屋
M：キンダル・インターナショナル・リミテッド
問：明治屋
① ¥19,000（750㎖）　② ¥75,000（700㎖）
③ ¥4,300（700㎖）　④ ¥9,500（750㎖）
⑤ ¥2,030（700㎖）　⑥ ¥3,000（750㎖）

① ホワイトマッカイ 21年

② ホワイトマッカイ 30年

③ ホワイトマッカイ 12年

④ ホワイトマッカイ 18年

⑤ ホワイトマッカイ ブルーラベル

⑥ ホワイトマッカイ ゴールデンブレンド

メーカーズマーク・
ブラックトップ / USA
メーカーズマーク社の現社長のオリジ
ナルセレクション。伝統を継承しつ
つ、まろやかでコクのある芳醇な風味。

IS：明治屋
M：メーカーズマーク・ディスティラリー
間：明治屋
¥5,000（750㎖）

アーリータイムズ イエローラベル
USA
優れたバーボンづくりへの徹底したこだわ
りによって培われた世界的なロングセラ
ー・バーボン。

IS：サントリー
M：アーリータイムズ
間：サントリー
¥1,920（700㎖）

ジャックダニエル ブラック / USA
蒸溜したウイスキーを木桶に詰めた楓の
炭で、一滴ずつチャコールメロウイング
するテネシー製法。

IS：サントリー
M：ジャックダニエル
間：サントリー
¥3,380（750㎖）

フォアローゼズブラック / USA
「秘蔵のバラ」と呼ばれるプレミアムバ
ーボン。

IS：キリンビール
M：フォアローゼズ・ディスティラリー
間：キリンビール
¥3,500（700㎖）

ジン・ビーム ホワイト / USA
1795年に誕生して以来、ソフトな口当た
りとスムースな飲み口で、世界中で親し
まれているバーボンウイスキー。

IS：アサヒビール
M：ジム・ビーム ブランズ
間：アサヒビール
¥2,120（700㎖）

フラパンナポレオン
FRANCE
自園ぶどうを100％使用し、醸造、蒸留、熟成、ブレンドすべてにこだわった技術から生まれた名品。

IS：サッポロビール
M：フラパン
問：サッポロビール
¥14,100（700㎖）

コーディア・ナポレオン / FRANCE
厳選されたボルドーワイン粋を極めたフレンチブランデー。ボルドーワインで知られるコーディア社が造っている。

IS：サッポロビール
M：コーディア
問：サッポロビール
¥3,481（700㎖）

デラマン X.Oペール＆ドライ
FRANCE
グランドシャンバーニュの異なる5つの生産地から取られた葡萄酒を蒸留し、平均20〜25年熟成して造られる。

IS：明治屋
M：デラマン＆CO.
問：明治屋
¥14,100（700㎖）

ニッカ ドンピエール
V.S.O / JAPAN
コニャックの原酒を使用しながら、手軽に飲めるおいしい味に仕上げたブランデー。

IS, M：アサヒビール
問：アサヒビール
¥1,000（640㎖）

メルシャンブランデー
V.S.O.P. / JAPAN
´00の伝統を持つメルシャンの伝統技術と原料の葡萄へのこだわりが生み出す、ふくよかな香りと余韻たっぷりの豊かな味わいが特徴。

IS, M：メルシャン
問：メルシャン
¥2,170（660㎖）

カミュV.S.O.P.（赤ラベル）
FRANCE
豊かな香りと芳醇さを受け継ぎながら、繊細なまでにまろやかな味わいに仕上げられたブランデー。

IS：アサヒビール
M：カミュ
問：アサヒビール
¥オープン（700㎖）

フラパンV.I.P XO
FRANCE

ぶどう栽培とコニャック造りに700年以上の歴史と伝統を誇る名門。「幻のコニャック」といわれる芳醇な味わい。

IS：サッポロビール
M：フラパン
（問）：サッポロビール
¥19,500（700㎖）

ゴディバリキュール / USA

チョコレートメーカーのゴディバ社とシーグラム社が共同開発。香り高い上質のカカオから生まれるなめらかな味わい。

IS：キリンビール
M：ジョゼフ・E・シーグラム＆サンズ
（問）：キリンビール
¥3,500（750㎖）

クール・ド・リヨン ポム・プリゾニエール
FRANCE

カルヴァドスのブーケとりんごの実のアロマが調和している。クリスチャン・ドルーアン社長がカラフ瓶の中でりんごの実を育てることに成功した。

IS：明治屋
M：クリスチャン・ドルーアン
（問）：明治屋
¥15,000（1,000㎖）

マーテル・V.S.O.P.
FRANCE

「メダイヨン」の名で親しまれて、世界中で愛されているコニャック。

IS：キリンビール
M：マーテル
（問）：キリンビール
¥9,290（700㎖）

ルイドールナポレオン
FRANCE

芳醇な香りとまろやかな口当たりのフレンチブランデー。

IS：キリンビール
M：シュミノー・フレーム
（問）：キリンビール
¥3,470（700㎖）

フラパンシャトー・ド・フォンピーノ X.O
FRANCE

世界的なコニャックの中で唯一のシャトー格付品。アルコール度はほかに例のない41度。

IS：サッポロビール
（問）：サッポロビール
¥19,000（700㎖）

ロンリコ / PUERTO RICO
プエルトリコを代表するラム。やわら
かな口当たりのホワイトと、独特の甘
みとヴァニラの香りが特徴的なスパイ
スド・ラム。

IS：メルシャン
M：ジム・ビーム・ブランズ（ロンリコ）
㈲：メルシャン
各¥1,940（700㎖）

ロンリコ・ホワイト

ロンリコ・スパイスド・ラム

**ウォルフシュミット・
グリーンラベル / USA**
ハイクオリティ・アメリカンウォッ
カの代表として名高い「ウォルフ
シュミット」。ラベルの37個のメ
ダルは国際コンテストで獲得した
賞の数。

IS：メルシャン
M：ジム・ビーム・ブランズ
㈲：メルシャン
¥1,550（750㎖）

ツヴァルスキー・ウォッカ
USA
不純物を取り除くために木炭を利用
した製法。これを2回繰り返した、純
度の高い高品質のウォッカ。

IS：サッポロビール
M：D.シャーマン
㈲：サッポロビール
¥1,600（750㎖）

ボルスカヤウォッカ
HOLLAND
伝統的製法により、このウォッ
カを含め独特な味わいを持つ
スピリッツを多数製造している
ボルス社の製品。

IS：明治屋
M：ボルス・ロイヤル
　　ディスティラリー
㈲：明治屋
¥1,460（750㎖）

**シャトーロバード
フォル・ブランシュ**
FRANCE
アルマニャックの原料でもある
フォル・ブランシュ種ぶどう
100％から生まれた、ピュアで
アロマティックなスピリッツ。

IS：明治屋
M：レダ社
㊞：明治屋
¥3,000（700㎖）

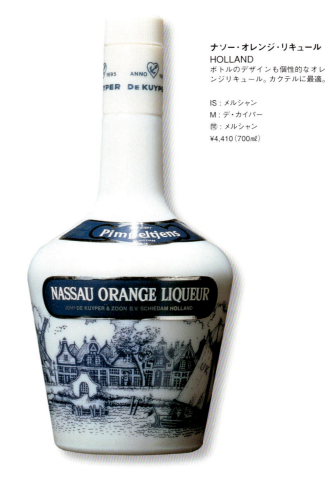

ナソー・オレンジ・リキュール
HOLLAND
ボトルのデザインも個性的なオレ
ンジリキュール。カクテルに最適。

IS：メルシャン
M：デ・カイパー
㊞：メルシャン
¥4,410（700㎖）

オルメカブランコ
MEXICO
雑味の少ないクリーンな香りと
クリアな味わいがカクテルに最
適なテキーラ。

IS：キリンビール
M：ペルノ・リカール・メキシコ
㊞：キリンビール
¥2,300（750㎖）

ティアマリア / UK
ジャマイカ産の選び抜かれたコ
ーヒー豆と精製されたスピリッ
ツのブレンドから生まれたコー
ヒーリキュール。

IS：明治屋
M：ティアマリア
㊞：明治屋
¥2,490（700㎖）

バーネットジン40度
JAPAN
ジュニパーベリーの爽
やかなコリが特徴のロ
ンドンドライジン。

IS：キリンビール
M：キリン
　　ディスティラリー
㈲：キリンビール
¥950（720㎖）

シルバートップ
ドライジン
HOLLAND
16世紀にオランダで
創業した蒸留会社が造
り出すロンドンドライ
タイプのジン。

IS：明治屋
M：ボルス・ロイヤル
　　ディスティラリー
㈲：明治屋
¥1,460（750㎖）

マイヤーズラム プレミアムホワイト
JAMAICA
厳選したラム原酒を多年にわたり熟成するという、
おなじみ「マイヤーズラム」同様の贅沢な製法で造
られている。熟成後にチャコールで濾過することで、
スムーズな口当たりと洗練された味わいを生みだし
た。

IS：キリンビール
M：マイヤーズ
㈲：キリンビール
¥1,750（750㎖）

スロージン
HOLLAND
プラムのリキュール。甘さは
控えめで、ジン特有のほの
かな苦みと味わいがある。

IS：明治屋
M：ボルス・ロイヤル
　　ディスティラリー
㈲：明治屋
¥2,000（700㎖）

ニコライウォッカ40度
JAPAN
クリアでソフトな口あたりの
穀類100％ウォッカ。

IS：キリンビール
M：ジョゼフ・E・
　　シーグラム＆サンズ
㈲：キリンビール
¥1,070（720㎖）

カルバート・ジン / USA
メリーランド州で造られる伝統
的なロンドンドライタイプのジン。

IS：メルシャン
M：ジン・ビーム・ブランズ
㈲：メルシャン
¥1,200（750㎖）

シーブラムジン40度
USA
柑橘系のソフトな口当たり
が特徴のアメリカトップセラ
ージン。

IS：キリンビール
M：ジョゼフ・E・
　　シーグラム＆サンズ
㈲：キリンビール
¥1,170（750㎖）

ベルド・ブリエ・レジェ
FRANCE

ブリエ・コニャックとウィリアム・ペア（洋ナシの一種）の蒸留酒から造られるユニークなブリエ社のオリジナル・リキュール。

IS：廣屋インターナショナル
M：メゾン・ブリエ
問：廣屋インターナショナル
¥3,880（700m2）

スクェア ウォーターメロン
JAPAN

果物素材そのものの品質感を生かし、果実本来の味わいの魅力を引き出したカクテル。

IS, M：サントリー
問：サントリー
¥1,400（700ml）

ティオペペ / SPAIN
「ぺぺおじさん」の愛称で親しまれているドライシェリーの代名詞。世界中のレストランで選ばれている食前酒の傑作。

IS：メルシャン
M：ゴンザレス・ビアス
問：メルシャン
¥1,947（750ml）

ペルル / FRANCE
ウィリアム・ペアから摘出したエッセンスとコニャックをブレンドし、更に新鮮な果汁を加えた、軽くフルーティーなリキュール・カクテル。

IS：廣屋インターナショナル
M：メゾン・ブリエ
問：廣屋インターナショナル
¥3,000（700ml）

カイフェライチ
HOLLAND

ライチ特有の爽やかで上品な芳香と甘さをリキュールに閉じ込めた。本物のライチのみからつくられる自然な風味と、エキゾチックな新しいテイスト。

IS：メルシャン
M：デ・カイパー
問：メルシャン
¥2,440（700ml）

ボルス リキュール / HOLLAND
世界中の天然の果物やハーブを厳選
し、400年に渡って培われてきたレシ
ピによって製造されたボルス社のリキ
ュール。

IS：明治屋
M：ボルス・ロイヤルディスティラリー
㊟：明治屋
各¥2,000（700㎖）

トリプルセック　　　　　　メロン

カフェドパリ / FRANCE
キールロワイヤルやファジー
ネーブル、ピーチダイキリなど
のカクテルベースにぴったり
のリキュール。

IS：キリンビール
M：カフェ・ド・パリ
㊟：キリンビール
各¥2,000（700㎖）

ボルスブルー / HOLLAND
世界中の天然の果物やハーブを
厳選し、400年に渡って培われて
きたレシピによって製造されたブ
ルーキュラソー。

IS：明治屋
M：ボルス・ロイヤル
　　ディスティラリー
㊟：明治屋
¥2,000（700㎖）

ピーチリキュール　　　　　クレームドカシス

シトロン・ジュネヴァ / HOLLAND
新鮮なレモンの風味を活かしたナチュラルなお
酒。フルーティーな味と香りのライトな飲みごこち
を楽しめる。

IS：メルシャン
M：デ・カイパー
問：メルシャン
¥1,960（700㎖）

ラズマタズ / HOLLAND
ラズベリーのリキュール。色は紫で、甘酸っぱい
爽やかな味わい。フルーツ系カクテルのベースに
ぴったり。

IS：メルシャン
M：デ・カイパー
問：メルシャン
¥1,830（700㎖）

シャルメ・ブルーキュラソー / FRANCE
柑橘系の果皮から作られたリキュール。目にも鮮
やかな美しいブルーのカクテルを作るのに欠か
せない。

IS：キリンビール
M：シャルメ
問：キリンビール
¥2,000（700㎖）

サントリー ザ・グレートカクテルズ
JAPAN
世界の人気リキュールをカクテルにしたシリーズ。

IS, M：サントリー
㉄：サントリー
各¥230（225㎖）

パライソライチ＆グレープフルーツ

カンパリスプモーニ

ツードッグス / AUSTRALIA
ワインと同様の製法でレモン果汁を
そのまま醸酵させた爽やかな味わい
の果実酒。

IS, M：キリンビール
㉄：キリンビール
¥230（250㎖）

バターショッツ / HOLLAND
若者に人気の新しいテイストのキャラ
メルリキュール。滑らかでコクのある風
味とアロマが斬新なおいしさを作る。

IS：メルシャン
M：デ・カイパー
㉄：メルシャン
¥2,260（700㎖）

 クク / FRANCE
フランスでうまれたぶどう100％の新感覚スピリ
ッツ。スタイリッシュな飲みやすさはそのままでも
カクテルにしても合う。

IS：明治屋
M：レダ
㉆：明治屋
¥1,800（500㎖）

ブルースベリー / JAPAN
ブルーベリーの野生的な風味を生かした、爽や
かでライトな無色透明のリキュール。炭酸や牛
乳、ヨーグルトドリンク、グレープジュースなどで
割ってもよい。

IS：メルシャン
M：デ・カイパー
㉆：メルシャン
¥1,830（700㎖）

アドボカート / HOLLAND

ブランデーに卵やバニラ、砂糖などを加えて熟成させたリキュール。牛乳でわって飲むエッグノッグなどが有名。

IS：明治屋
M：ボルス・ロイヤルディスティラリー
㉧：明治屋
¥2,000（700㎖）

オールドオークラム ゴールド
TORINIDAD AND TOBAGO

カリブ海沿岸諸国で最もポピュラーなブランド。良質のラムがブレンドされ、デリケートなフレーバー、かつ豊かな味わい。

IS：明治屋
M：アンゴスチュラ
㉧：明治屋
¥1,600（750㎖）

メゾン・ブリエ・ピノー・ブラン・プレステージ
FRANCE

発酵中の上質のグレープジュースにコニャックを加えてオーク樽で2年以上熟成させた。食前、食後ともに楽しめる。

IS：廣屋インターナショナル
M：メゾン・ブリエ
㉧：廣屋インターナショナル
¥3,005（750㎖）

アンゴスチュラ アロマティックビター
TORINIDAD AND TOBAGO

ラム酒をベースにジュンチアンを主とする数種の植物性香料を配合させた苦味酒。

IS：明治屋
M：アンゴスチュラ
㉧：明治屋
¥1,960（200㎖）

鏡月グリーン25度 / KOREA
韓国名水の地・雪岳山（ソラクサン）
の天然湧水を使用した高品質焼酎。

IS：サントリー
間：サントリー
¥841（700㎖）

淡麗紹興酒金ラベル / TAIWAN
豊かな熟成香とバランスの取れた味わいの長期熟成
台湾紹興酒。

IS：キリンビール
間：キリンビール
¥1,750（600㎖）

BIDAN / KOREA
麦だけを原料にした蒸留韓国
焼酎。純粋ですっきりした味
わいが特徴。名前の緋緞（び
だん）とは絹織物を意味する
韓国語。

IS：アサヒビール
M：宝海醸造
間：アサヒビール
¥841（700㎖）

そば焼酎 玄海 / JAPAN
ほんのりとした風味とソフトな口当た
り。やや甘口で飲みやすさが特徴の
乙甲混和そば焼酎。

IS：アサヒビール
M：アサヒ協和酒類製造
間：アサヒビール
¥830（700ml）

宝海 / KOREA
厳選された原料と韓国の銘水「石間水」を
使って仕上げた、本場仕込みの「うまみ」
とクリアな味わいが特徴。

IS：アサヒビール
M：宝海醸造
間：アサヒビール
¥830（700ml）

紹興陳年花彫酒 古越龍山 / CHINA
紹興酒はフランスワイン、日本の純米吟醸酒と並
び「世界三大美酒」と称されている。3年以上貯
蔵、中国元詰めで、味、香りのバランスの取れた
人気商品。

IS：メルシャン
間：メルシャン
¥840（640ml）

米酒 / TAIWAN
蓬莱米を主原料に醸酵、蒸留して造
られた本格的な米焼酎。料理酒とし
ても重宝する。

IS：キリンビール
間：キリンビール
¥700（600ml）

ピュアブルー / TAIWAN
心地よい麦の香りと爽やかな
飲み口が特徴の麦焼酎で、自
由な飲み方が楽しめる。

IS, M：キリンビール
㈲：キリンビール
¥880（700㎖）

氷結21°/ JAPAN
氷音濾過製法によるピュアでマイルドなウォ
ッカで造られた。チューハイに適している。

IS, M：キリンビール
㈲：キリンビール
¥620（700㎖）

長期熟成純米焼酎 大地の穣
JAPAN
精米歩合70％の厳選米を原料に低温
発酵させた黄麹で仕込んだ焼酎を使
用。やわらかな味わいとほのかな吟醸
香が楽しめる。

IS：アサヒビール
M：アサヒ協和酒類製造
㈲：アサヒビール
¥1,200（720㎖）

かのか / JAPAN
蒸留する際に、香りと味わいの豊かな部分を贅沢に
引き出したむぎ焼酎。グラスに注ぐとほんのりやわら
かく香る。

IS：アサヒビール
M：アサヒ協和酒類製造
㈲：アサヒビール
¥816（900㎖）

吟麗玄海 / JAPAN
麦麹だけを原料に、独自の酵母と
霧島山麓の天然水を使用し、フル
ーティーな香りとふくよかな味わい
を引き出している。

IS：アサヒビール
M：アサヒ協和酒類製造
㈲：アサヒビール
¥1,200（720㎖）

長期樽貯蔵麦焼酎 穂の舞
JAPAN
3年以上も樽で熟成させた大麦焼
酎をはじめとした、厳選された焼酎
の絶妙なブレンドで、芳醇な味わい
とまろやかさが特徴。

IS：アサヒビール
M：アサヒ協和酒類製造
㈲：アサヒビール
¥1,200（720㎖）

銀風 / JAPAN
すっきりした味わいの焼酎をベー
スにした、まろやかで柔らかな味
わい。「自然香仕立て」米焼酎。

IS：アサヒビール
M：ニッカウヰスキー
㈲：アサヒビール
¥1,040（720㎖）

一番札特撰 / JAPAN
樫樽貯蔵焼酎ブレンド。華やかな香りとまろやかな味わ
いが特徴の本格プレミアム焼酎。

IS：アサヒビール
M：ニッカウヰスキー
㈲：アサヒビール
¥647（500㎖）

有明 / JAPAN
麦・米・とうもろこしなどの穀類を使い、伝統的
な熟成方法と独自のブレンド技術で作り上げた
口あたりのよさと味わい深さを併せ持つ焼酎。

IS, M：メルシャン
㈲：メルシャン
¥1,667（720㎖）

① クリア

② ゴールド

③ スーパー

米焼酎 美山 / JAPAN
清酒造りの技術を生かして、低温で発酵・熟成させた本格米焼酎。

IS, M：月桂冠
DF：大日本印刷、山本デザイン事務所
D：籠谷隆（アートディレクター）
　福本晃一
㊞：月桂冠
① ¥690（720ml） ② ¥950（720ml）
③ ¥880（720ml）

大麦焼酎 蕪村 / JAPAN
乙類焼酎と甲類焼酎の絶妙なブレンドで、口当たりすっきり、後味爽やか。しかも豊かな風味が楽しめる。

IS：アサヒビール
M：アサヒ協和酒類製造
㊞：アサヒビール
¥785（700ml）

トライアングル / JAPAN
2種の原酒をブレンドした口当たりすっきりの焼酎。しっかりした香味はロックで飲むのがおすすめ。

IS, M：キッコーマン
㊞：キッコーマン
¥746（720ml）

三楽焼酎 長期貯蔵 樽
JAPAN
手頃な価格と長期貯蔵されたま
ろやかな風味にファンの多い焼
酎。ロックでもお湯割りでも好
みに合わせて楽しめる。

IS, M：メルシャン
⟨問⟩：メルシャン
¥758（720㎖）

白水 魚沼産こしひかり
JAPAN
名水百選のひとつ「阿蘇・白水村
白川水源の湧水」と厳選した魚沼
産こしひかりを使用した、こだわり
の米100%の純米焼酎。

IS, M：メルシャン
⟨問⟩：メルシャン
¥1,280（720㎖）

へんこつや / JAPAN
55%まで精麦した麦を使用し、す
っきりとした味わいに仕上げた「磨
麦（みがきむぎ）仕込」。

IS, M：サントリー
⟨問⟩：サントリー
¥950（660㎖）

麦笑 / JAPAN
厳選された大麦を原料に、まろや
かでさらりと飲みやすい味わいに
仕上げた焼酎。

IS：サントリー
⟨問⟩：サントリー
¥860（660㎖）

本格焼酎 西の星 20度 / JAPAN
大麦の新品種「ニシノホシ」を原料にしてじっく
り醸した焼酎。ストレートやロックが合う。

IS, M：三和酒類
DF：日本ベリエールアートセンター
㋱：三和酒類
¥756（900㎖）

本格焼酎 久三郎 25度 / JAPAN
米の深みと麦のキレをひとつにした本格焼酎。冴え渡る味
わいの中に深い余韻がある。

IS, M：三和酒類
DF：日本ベリエールアートセンター
㋱：三和酒類
¥1,080（720㎖）

awai（間） / JAPAN
アルコール分12度台の大吟醸酒。澄みきった心地よい
香りと凛とした甘さ。全く新しい感覚の日本酒。

IS, M：月桂冠
DF：ヒラノステュディオ
D：平野敬子（アートディレクター）
　　工藤青石
㋱：月桂冠
¥1,500（720㎖）

① シルエット 25度

② スーパー 25度

③ いいちこ 25度

④ 民陶 25度

⑤ フラスコボトル 30度

本格焼酎 いいちこ / JAPAN
人気のいいちこシリーズ。ボトルの
デザインも多様。

IS, M：三和酒類
DF：日本ベリエール
　　　アートセンター
⑪：三和酒類
① ¥975（720㎖）② ¥1,288（720㎖）
③ ¥829（900㎖）④ ¥1,628（720㎖）
⑤ ¥2,500（720㎖）

浪漫 吟醸十年貯蔵酒
JAPAN
格調ある香りと、重厚で程よい
苦みと渋みが持ち味。十年間低
温でじっくり貯蔵した古酒。

IS, M：月桂冠

🏭：月桂冠

¥3,400（720㎖）

ヌーベル月桂冠 / JAPAN
洗練された香りと軽快な味の切れが
特徴の、特別本醸造酒。

IS, M：月桂冠

DF：大日本印刷株式会社、
　　コウベデザインセンター

D：三石博（アートディレクター）
　　上田三男

🏭：月桂冠

¥970（720㎖）

上撰 / JAPAN
自然な香りと、まろやかな旨みが特徴。伝統的な一升び
ん詰め。ラベルも明治時代以来のデザインを受け継い
でいる。

IS, M：月桂冠

🏭：月桂冠

¥1,835（1,800㎖）

流水麗酒　純米 / JAPAN
落ち着いた香りとふくらみのある味わ
いが特徴の純米酒。商品名は「流れ
る水のようにきれいで飲みやすい酒」
という意味。

IS, M：月桂冠
DF：和多田印刷株式会社
D：住田宏昭（アートディレクター）
　　馬野美貴
⑪：月桂冠
¥380（300㎖）

スパークリング清酒 Zipang
JAPAN
低アルコール（7度）のスパークリング
清酒。発酵により生まれたキメの細
かい泡と爽やかなのどごしが特徴。

IS, M：月桂冠
DF：和多田印刷株式会社
D：時井司
⑪：月桂冠
¥280（330㎖）

プチムーン / JAPAN
おしゃれな飲みきりプチボトル。豊富なバリエ
ーションで様々な味わいを楽しめるシリーズ。

IS, M：月桂冠
DF：大日本印刷、山本デザイン事務所
D：三石博（アートディレクター）
　　井上直幸
⑪：月桂冠
¥190〜230（135㎖）

① あまさら

② 澄める月

③ すだちのお酒

④ 珈琲香酒

① スーパードライ

② アサヒスタウト

アサヒビール / JAPAN
日本初の辛口生ビール「スーパードライ」をはじめ、「うまさ」と「鮮度」を追求し続けるアサヒビール。

IS, M：アサヒビール
問：アサヒビール
① ¥316（633ml）
② ¥233（334ml）
③ ④ ¥267（500ml）
⑤ ¥335（633ml）

③ スーパーモルト

④ 黒生

⑤ 富士山

① まろやか酵母

キリンビール / JAPAN
華やかな香りと濃厚な味わい、クリーミーな泡立ちが特徴
のビール。一番搾り黒生ビールよりもさらに濃い味と香り。

IS, M：キリンビール
間：キリンビール
① ¥238（330㎖）
② ③ ¥316（633㎖）
④ ¥233（334㎖）

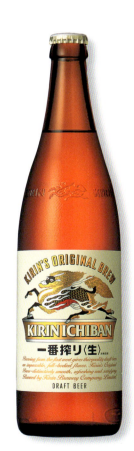

② ラガー

③ 一番搾り

④ スタウト

① ブラック

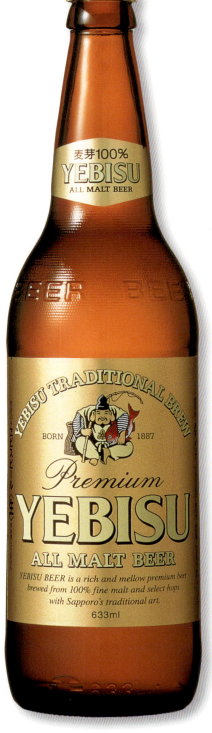

② ヱビス

③ 黒ラベル

④ ラガー

サッポロビール / JAPAN

麦芽100%のヱビスをはじめ、ビール好きの方から根強い
人気を誇るラガーや主力商品の黒ラベルなど、豊富なラ
インナップが魅力。

IS, M：サッポロビール
問：サッポロビール
① ¥189（334㎖）② ¥335（633㎖）
③ ④ ¥316（633㎖）
⑤ ¥160（355㎖）

⑤ スーパークリア

サントリー ビール / JAPAN
副原料を一切使わない麦100%の
コク、香りなど素材本来の味わい
と、清らかなノドごしが楽しめる。

IS, M：サントリー
囲：サントリー
① ¥267（500㎖）
② ¥316（663㎖）

① 横浜中華街

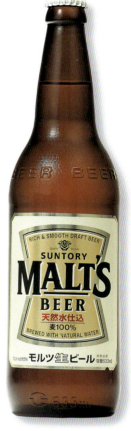

② モルツ

ピルス

オリオンビール / JAPAN
沖縄の定番ビール。亜熱帯の気候にマッチした
爽快な喉ごしと、マイルドな味わい。

IS, M：オリオンビール
D：岸本一夫
囲：オリオンビール
各¥301（633㎖）

ラガー

ドラフト

アルト   ケルシュ   ヴァイツェン

鬼太郎ビール / JAPAN
漫画家の水木しげる氏の描く「ゲゲゲの鬼太郎」
をラベルにした地ビール。ボトルの形もユニーク
な1リットル入りもある。

IS, M：夢みなとビール
©水木しげる
問：夢みなとビール
各¥500（330㎖）

ハートランド / JAPAN

アロマホップだけを使った麦芽100%ビール。素材のよさをそのままに、苦味を抑えた自然なテイストと澄んだ香味。

IS, M：キリンビール
問：キリンビール
¥500（267㎖）

バドワイザー / USA

1876年にアメリカで誕生して以来、世界中で愛されているビール。伝統の「ぶなの木」製法による飲みやすさが特徴。

IS：キリンビール
M：アンハイザー・ブッシュ
問：キリンビール
¥214（330㎖）

青島ビール / CHINA

アサヒビールと青島ビール社の技術と情熱で実現した生ビール。中国料理はもちろん、エスニック料理にもぴったり。

IS：アサヒビール
M：アサヒビール、青島ビール
問：アサヒビール
¥248（330㎖）

ギネス エクストラスタウト / UK

ビール通を唸らせる深いコクと豊潤な香り。世界NO.1のスタウトビールとして日本でも好評を博している。

IS：サッポロビール
問：サッポロビール
¥287（330㎖）

バス ペールエール / UK
英国の代表的なビール「バス ペールエール」。のど元に広がるキリッとした苦味と、香りとコクのハーモニーが、エールゆえの醍醐味。

IS：アサヒビール
M：バス
問：アサヒビール
¥238（330ml）

ブルックリン・ラガー / USA
アメリカ感覚あふれた伝統の味。リッチで香り高く、クリーミーな口当たり。後味はすっきりとドライでバランスが取れた味。

IS：廣屋インターナショナル
M：ブルックリン・ブルワリー
問：廣屋インターナショナル
¥340（355ml）

バクラー / HOLLAND
ビールと同様の原材料と工程により製造されたノンアルコールビール。飲みやすいすっきりした味、爽やかな喉ごし。

IS：キリンビール
M：ハイネケン
問：キリンビール
¥220（330ml）

ヘンリー・ワインハード / USA
19世紀半ばにドイツ移民のヘンリー・ワインハードがアメリカで自ら醸造したビール。香り高く、柔らかな口当たり、キメ細やかに泡立つビール。

IS：廣屋インターナショナル
M：ミラー・ブルワリー
問：廣屋インターナショナル
¥270（355ml）

ネグラ・モデロ / MEXICO
メキシカンダークビール。ダークビールのコクとほのかな香りが生きた、飲みやすく爽やかな味わいが特徴。

IS：廣屋インターナショナル
M：セルベセリア・モデロ社
㈹：廣屋インターナショナル
¥270（325㎖）

ミラースペシャル / USA
白とブルーの爽やかなデザインがアメリカンライフを感じさせる生ビール。スムースですっきりした味が新鮮な状態で楽しめる。

IS：アサヒビール
㈹：アサヒビール
¥189（633㎖）

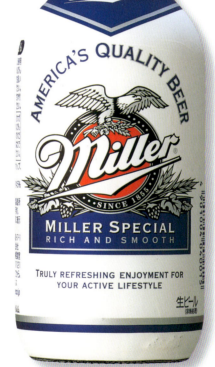

ハイネケン / HOLLAND
世界170カ国以上で親しまれて続けているインターナショナルビール。香り高い芳醇な味わいが人気の秘訣。

IS：キリンビール
M：ハイネケン
㈹：キリンビール
¥229（330㎖）

ムースヘッド / CANADA
カナダの雄大な大自然の中で約130年の歴史に育まれたビール。フルーティーな香りと軽く爽やかな飲み口が特徴。

IS：廣屋インターナショナル
M：ムースヘッド・ブルワリーズ
㈹：廣屋インターナショナル
¥250（355㎖）

レーベンブロイ / GERMANY
600年もの伝統の味にこだわり続けている
麦芽100%の生ビール。レーベンとはドイツ
語で獅子のことで、マークもライオン。

IS：アサヒビール
M：カミュ
問：アサヒビール
¥189（334㎖）

ピルスナーウルケル / CZECH
世界各国のビールの主流となったピルスナー
タイプの原点のビール。ホップ特有の苦味が
まろやかなコクの中に生きる。

IS：キリンビール
M：ピルスナーウルケル
問：キリンビール
¥291（330㎖）

コロナ・エキストラ / MEXICO
ライムを入れて飲むビール。ライムを入れる
ことで、爽やかなライムの香りがプラスされ、
カクテル気分でヘルシーなイメージ。

IS：廣屋インターナショナル
M：セルベセリア・モデロ社
問：廣屋インターナショナル
¥292（330㎖）

マックイーワンズ / UK
甘い香りとしっかりした味わい。アルコール度は高くないのにハードな味わいで、イギリスのビール通に飲み続けられている。

IS：廣島
M：スコティッシュアンドニューキャッスル
問：廣島
各¥320（355㎖）

マックイーワンズスコッチエール

マックイーワンズ

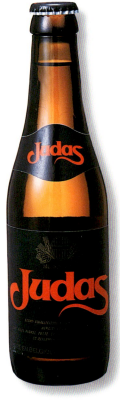

ジュダス / BELGIUM
本格的なベルギーの上面醗酵ビール。飲み口はハードだが、あとから麦本来の甘さと香りを楽しめる。

IS：廣島
M：アルケンマース
問：廣島
¥430（330㎖）

キングストン / FRANCE
世界初のラム入りビール。ラムの甘い香りとビールの苦みが絶妙。

IS：廣島
M：フィッシャー
問：廣島
¥350（330㎖）

ラ・トラッペダブル
HOLLAND
オランダ唯一の修道院醸造所で作られているビール。自然の素材のみを使用し、ダーク・ロビンレッド色をした柔らかな味わい。

IS：廣島
M：スハースコイ醸造所
問：廣島
¥380（330㎖）

アデルスコットノエル
FRANCE
ウイスキー用のモルトを使ったビール。深い味わいの中に。ローストされたモルトの香ばしい香りがする。

IS：廣島
問：廣島
¥350（330㎖）

ニューキャッスル
ブラウンエール / UK
イギリス人好みのエールビール。多少赤みがかったブラウンエールはイギリスや日本を含め、多くの国で愛されている。

IS：廣島
M：スコティッシュアンド
　　ニューキャッスル
問：廣島
¥330（355㎖）

シャトゥーキャッスル
BELGIUM
中世の農家で作られていたビールを復活させたもの。ほどよい甘さとコクのあるワインのように熟成した味と香りが口の中に広がる贅沢なビール。

IS：廣島
M：ヴァン・ホンスブルック
㈲：廣島
¥400（330㎖）

クリストフェルロバータス
HOLLAND
濾過なし、非熱処理のミュンヘンタイプのラガービール。コクがありながらクリーミーで喉ごしがよく、ほどよい苦味がある。

IS：廣島
M：クリストフェル
㈲：廣島
¥350（330㎖）

グリムベルゲンブロンド
BELGIUM
厳選されたホップを使用、調和の取れたフルーティーさが特徴。ラベルの不死鳥はグリムベルゲン修道院のシンボルになっている。

IS：廣島
M：アルケンマース
㈲：廣島
¥380（330㎖）

ビエラ デス アワーズ
BELGIUM
蜂蜜入りのライトエールビール。1995年にワールドチャンピオンシップで金賞を受賞し、ベルギーワロン区の地ビールを世界に知らしめた。

IS：廣島
M：ラ・バンショワーゼ
㈲：廣島
¥430（330㎖）

ビンチョイセブロンド / BELGIUM
仮面の祭りで有名なバンショの街でつくられたビール。ほのかなフルーティーさと多少の苦味、マイルドさを併せ持っている。

IS：廣島
M：ラ・バンショワーゼ
㈲：廣島
各¥400（330㎖）

ビンチョイセブロンド

ビンチョイセブリューン

**ダブルエンギエン
ブリューン / BELGIUM**
ローストしたモルトの香ばしさ
を出しているブリューンは濃い
ダークカラー。甘いモルトの味
とほのかなホップの苦味は冷
やして飲むとなお美味。

IS：廣島
M：シリー
間：廣島
¥330（250㎖）

**ブランシェホーネルス
BELGIUM**
大麦、小麦、オートミールと3種
類のモルトを使用しているホワ
イトビール。多少濁っているの
がベルギー流。

IS：廣島
M：アベイ・デ・ロックス
間：廣島
¥400（330㎖）

**セゾン デ シリィ
BELGIUM**
ブラウン色の濃いビールだが
アルコール分が高くないので
飲みやすい。3〜6℃に冷やし
て飲むと上面醗酵特有の香り
を楽しめる。

IS：廣島
M：シリー
間：廣島
¥330（250㎖）

**セントルイスピーチ
BELGIUM**
ベルギーならではのランビック
ビール。ピーチとランビックの
マッチングがすばらしく、とりわ
け女性に人気が高い。

IS：廣島
M：ヴァン・ホンセブルック
間：廣島
¥450（250㎖）

ラ ディビン / BELGIUM
アビイスタイルのビール。ほの
かなホップの苦味とほどよいモ
ルトの甘さがバランスよく口の
中で広がる。ワインのように味
わいたいビール。

IS：廣島
M：シリー
間：廣島
¥380（330㎖）

**セントルイスプレミアム
クリーク / BELGIUM**
ベルギーでしか醸造されていな
いランビックビール。樽で熟成
させたチェリーを足し、瓶詰め
の直前にさらに加えている。

IS：廣島
M：ヴァン・ホンセブルック
間：廣島
¥450（250㎖）

ALCOHOL

アベイデビラー
BELGIUM
ダーク色で瓶内二次醗酵している、甘い香りとコクがあるビール。比較的すっきりした後味が印象的。レシピはビラー修道院のもの。

IS：廣島
㈲：廣島
¥350（330㎖）

インペリアル
PORTUGAL
ホップの香りを十分に楽しめ、苦味を極力抑えたどんな食べ物にも合う飲みやすいビール。

IS：廣島
M：セントラル・デ・セルベジャス
㈲：廣島
¥300（330㎖）

デリリュウム / BELGIUM
ラベルのかわいらしさとは対照的に、しっかりとした味と苦味を持つビール。

IS：廣島
M：ヒューグ
㈲：廣島
¥450（330㎖）

キュベデトロールス / BELGIUM
フィルターを通さないフルーティーなビール。ラベルに描かれているのは伝説のいたずら好きの小人。

IS：廣島
M：デュビソン
㈲：廣島
¥350（250㎖）

サグレスブラック
PORTUGAL
麦本来の甘味が醸し出すコクと香りがしっかりしてて日本人の味覚に合う。世界22カ国以上に輸出されている。

IS：廣島
M：セントラル・デ・セルベジャス
㈲：廣島
¥300（330㎖）

ザラゴザーナ / SPAIN
アンバーカラーでコクのあるラガービール。しかし味わいはとても飲みやすく、ヨーロッパ中でその人気を誇っている。

IS：廣島
M：ザラゴザーナ
㈲：廣島
¥320（330㎖）

セルボアーズデアンセトレス陶器
BELGIUM
昔から修道院で受け継がれてきたレシピで
醸造した黄金色の陶器入りビール。コリアン
ダーで香りづけされている。

IS：廣島
M：ヒューグ
⟨問⟩：廣島
¥950（500㎖）

ベルリナーヴァイス
GERMANY
ワインやシロップを加えて自
分の味を楽しめるカクテル
ビール。ヴァイスビールの約
85％のシェアを占めている。

IS：廣島
M：ベルリナー・キンドル
⟨問⟩：廣島
¥330（330㎖）

ブラウンヘルザー
GERMANY
アンティークな栓が特徴。本
格的に麦だけで作った味を楽
しめるピルスナー。アルコー
ル度はさほど高くない。

IS：廣島
M：シュロス
⟨問⟩：廣島
¥430（330㎖）

ビーステェブカーニア / BELGIUM
上面醗酵の製法による自然な高アルコールビール。
ラベルに描かれている海賊の絵がビールの強さを
象徴している。

IS：廣島
M：イコベス、バンスティーンベルグ
⟨問⟩：廣島
¥430（330㎖）

ブリガンド / BELGIUM
「ブリガンド」とは、昔自分たちの家族や町を守ろうと立ち
上がった戦士たちのことで、その勇気をたたえて作られた
ビール。

IS：廣島
M：ヴァン・ホンセブルック
⟨問⟩：廣島
¥430（330㎖）

エンゲルボック陶器
GERMANY
麦を低い温度で燻してつく
るため、どっしりとした重い
口当たりと苦みばしった麦
の味の本格的ボックビール。

IS：廣島
M：ホフマルク
⟨問⟩：廣島
¥800（500㎖）

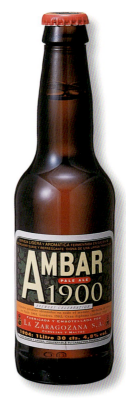

アンバー1900 / SPAIN
フルーティーな香りで軽い味
わいとスムーズな喉ごし、適
度なホップの苦味を兼ね備え
たビール。魚料理によく合う。

IS：廣島
M：ザラゴザーナ
🏠：廣島
¥320（330㎖）

**ブラウンヘルザー
シュワルツ / GERMANY**
黒ビールでありながらすっきり
とした切れ味で喉ごしがよく、
大麦の香りが感じられるバラ
ンスの取れたダークビール。

IS：廣島
M：シュロス
🏠：廣島
¥550（500㎖）

エクスポート / SPAIN
コクのあるしっかりした味わいのラガ
ータイプビール。モルトの香りが濃厚
で、チキン料理によく合う。

IS：廣島
M：ザラゴザーナ
🏠：廣島
¥320（330㎖）

ジーセナープレミアム
GERMANY
良質のモルトと薫り高いホップを原料
に醸造された本格的ドイツビール。ラ
イトカラーの黄金色をしている。

IS：廣島
M：ジーセナー
🏠：廣島
¥330（330㎖）

プレミアム・ポレッティ
ITALY

選び抜かれたモルトと良質のホップを原料にイタリアらしさを強調して醸造されたビール。ラガー本来のすっきりとした味が特徴。

IS：廣島
M：カールスバーグイタリア
問：廣島
¥300（330ml）

スプリューゲンボックチアラ
ITALY

色合いはダークカラーで、深い味わいとスムーズな喉ごしが印象的。じっくり味わって飲むのに適している。

IS：廣島
M：カールスバーグイタリア
問：廣島
¥330（330ml）

アインガーセレブラトア
GERMANY

セレビラトアとはお祝いという意味。結婚式や誕生日など、お祝いの日のための特別なビールとして飲まれている。

IS：廣島
M：アインガー
問：廣島
¥420（330ml）

アインガーヤーフンダート
GERMANY

醸造100年記念の古いレシピをもとに製造されたビール。食欲をそそるハーブの香りがする。

IS：廣島
M：アインガー
問：廣島
¥380（330ml）

キューベル / GERMANY

ドイツの純粋令に従った本格的ラガービール。昔から使用されているスイングトップの栓のついた容器に入っている。

IS：廣島
M：エンゲル
問：廣島
¥550（500ml）

ハンタービール / GERMANY

さまざまな狩りのシーンを描いたシリーズ。飲みやすいダークラガービールで、昔ながらのスイングトップを使用している。

IS：廣島
M：フランク・ジョセフ・セーラー
問：廣島
各¥980（500ml）

ハニッチ / GERMANY

ボトルのデザインの立案者の名前を取ったビール。ハニッチの絵画のいくつかはビールに関するものとして知られている。

IS：廣島
M：フランク・ジョセフ・セーラー
問：廣島
¥980（500ml）

子猫ビール / GERMANY

子猫とさまざまな生き物との関係を描いたシリーズ。中身は純粋令に基づいてつくられたダークラガービールで、苦味は少ない。

IS：廣島
M：フランク・ジョセフ・セーラー
問：廣島
各¥981（500ml）

フランクジョセフ / GERMANY

ドイツビール本来のコクとしっかりとした味わいがある。ミュンヘンの南に位置するババリア地方のビール。

IS：廣島
M：フランク・ジョセフ・セーラー
問：廣島
¥650（500ml）

アルテンミュンスターローマーラグ / GERMANY
香りのいいスムーズな口当たりのビール。スマートでエレガントな
2リットルの容器も人気が高い。

IS：廣島
M：フランツ・ヨゼフ・セイラー
問：廣島
各¥6,500（2ℓ）

ドン ドュ デュウ
CANADA
上品なオレンジ色をしており、
バニラやフルーツの香りがた
だよう。口当たりはクリーミー
で味はなめらかな辛口。

IS：廣島
M：ユニブロー
問：廣島
¥380（330㎖）

ラ フィン ドゥ モンド
CANADA
チーズやデザートとよく合うト
リプルゴールデンエール。シャ
ンパンのような発泡と深い味
わいは瓶内3次醗酵の賜物。

IS：廣島
M：ユニブロー
問：廣島
¥380（330㎖）

ラフトマン / CANADA
色はきれいなサンゴ色で、見
た目も美しい。ピートで燻し
たウイスキー用モルトと精製
されたイーストのまろやかな香
りが特徴。

IS：廣島
M：ユニブロー
問：廣島
¥380（330㎖）

トロワ ピストル
CANADA
熟成した果実の心地よい香り
とコクのある飲み味は古いポ
ートワインをほうふつさせる。
パスタ、鴨や野鳥肉料理、デ
ザートに合う。

IS：廣島
M：ユニブロー
問：廣島
¥380（330㎖）

オウ ベニット
CANADA
黄金色のエールビール。軽や
かでフルーティーな味わい。ミ
ートパイやグリルした肉などと
相性がいい。

IS：廣島
M：ユニブロー
問：廣島
¥380（330㎖）

ムーデイト / CANADA
パスタや赤身肉料理、シチュ
ーなどと合うストロングレッド
エールビール。黒檀色で円熟
した香り。

IS：廣島
M：ユニブロー
問：廣島
¥380（330㎖）

ドラーダ

ブルーナ

モレーナ

トリグエーラ

カスタビール / MEXICO
4種類のビールはメキシコ女性にちなみ、ブ
ロンドの髪（ドラーダ）、赤茶けた髪（ブルー
ナ）、黒い肌（モレーナ）、日焼けした肌（トリ
グエーラ）と名付けられている。

IS：廣島
M：エスペシャリダデス セルベセラス
(問)：廣島
各¥350（330ml）

コルサイアキュベスペシャル
BELGIUM
泡立ちがよくさわやかな香りを持つ黄
金色のビール。

IS：廣島
M：ヒューグ
問：廣島
¥350（330㎖）

コロンバ / FRANCE
フィルターを通していないため、白く濁
った小麦のビール。

IS：廣島
M：ブラッセリー・ピエトラ
問：廣島
¥350（330㎖）

セレナ / FRANCE
原料選びが厳しく、最新の醸造技術を
使って製造しているホップ少なめのビ
ール。

IS：廣島
M：ブラッセリー・ピエトラ
問：廣島
¥300（250㎖）

トリプルカルメリット
BELGIUM
フルーティーでソフトな味わいを持ち、
瓶内で二次醗酵している。

IS：廣島
M：ボスティール
問：廣島
¥430（330㎖）

ビアデ ノエル / FRANCE
厳選されたモルトを使用して作る季節限定ビール。
シーズンに向けて毎年7月頃から仕込み始める。

IS：廣島
M：キャステラン
問：廣島
各¥480（330㎖）

ビアデ ノエル ブロンド　　　　　ビアデ ノエル ブリューン

**ビンチョイセ
スペシャルノエル
BELGIUM**
香りづけにオレンジの皮を使用し
ているため、フルーティーな味わい
が楽しめるクリスマスビール。

IS：廣島
M：ラ・バンショワーゼ
問：廣島
¥480（330㎖）

デリリゥムクリスマス / BELGIUM
5種類のスパイスが絶妙な味を作り出しているアンバービール。フランス産のダークモルトとベ
ルギー産ホップを使用。

IS：廣島
M：ヒューグ
問：廣島
各¥480（330㎖）

BEAUTY

PERFUMES

SKINCARE

HAIR

P83---P104

オイリリー フレグランス / HOLLAND

オランダ生まれのキッズ用フレグランス。元気いっぱいの女の子にはフルーティなオレンジ。フローラルの香りのブルーは、ロマンティックな気分の時に。

IS：ブルーベル・ジャパン
⑯：ブルーベル・ジャパン
各¥3,800（50㎖）

オレンジ

ブルー

ロード トラント オーデトワレ / FRANCE

究極の女性らしさとエレガンスを、ゴールドの色と香りで表現した、自分自身のスタイルを持つ女性のための香水。

IS：わかば
M：パヒューマーズ ワークショップ
D：Hervé Van Der Straeten
⑯：わかば
¥4,800（30㎖）

プチサンボン / FRANCE

パリの高級子供服ブランドのタルティーヌ・ショコラとパルファム ジバンシィとの協力により誕生した世界初のベビー用フレグランス。

IS：タルティーヌ・ショコラ
M：パルファム ジバンシィ S.A
⑯：タルティーヌ・ショコラ
¥4,500（50㎖）

ロリータ レンピカ オーデトワレ / FRANCE

美しい妖精をイメージした、フレッシュさとピュアな香り漂うフレグランス。キュートなボトルに、スワロフスキーのラインストーンがちりばめられている。

IS：わかば
M：Parfums Lolita Lempicka Paris, Pacific Creation Parfum
DF：Sylvie de France & Associes
D：Lolita Lempicka
⑯：わかば
¥4,800（30㎖）

クロワイアンス フローラル フリュイテ オード パフォーム（ピンク）/ FRANCE

自信という意味のクロワイアンス。ビビッドなカラーにゴールドのラベルはコンセプトであるパワーを表現。

IS：アメーズユー プランニング
M：シャリエール パフューム
⑯：アメーズユー プランニング
¥3,700（50㎖）

バニラ パフューム オイル / JAPAN
アルコールフリーで密度の高いオイルベースのパフューム。甘いバニラの香りが長時間持続する。

IS, M：ザ・ボディショップ
DF：ザ・ボディショップ インターナショナル
㉄：ザ・ボディショップ カスタマーサービスセンター
¥4,000（30㎖）

アラミス オーデ トワレ / USA
発売以来40年余りも、世界の人気フレグランストップ10の中に入り続けている、男性用香水。

IS：エスティ ローダ
M：アラミス
㉄：アラミスカスタマーサービス
¥9,500（110㎖）

オーデ ジバンシイ / FRANCE
海やそよ風をイメージさせる、みずみずしく清潔感溢れる香りのフレグランス。シンプルなボトルにラピスラズリ色のキャップが特徴。

IS：パルファム ジバンシイ
M：パルファム ジバンシイ S.A
㉄：パルファム ジバンシイ
¥4,500（50㎖）

ラベンダー オードトワレ / FRANCE
新鮮な香りは、A.O.C（原産地統制呼称）ラベンダーから抽出されたエッセンシャルオイルによるもの。心身ともにリラックスできる香水。

IS：ロクシタンジャポン
M：ロクシタン
㉄：ロクシタン青山本店
¥4,000（100㎖）

マイクチュール / FRANCE
透明感の高いボトルはオートクチュールの純粋さを、なめらかなラインはオーダーメイドのドレスをイメージした女性のための香水。

IS：パルファム ジバンシイ
M：パルファム ジバンシイ S.A
㉄：パルファム ジバンシイ
¥8,500（50㎖）

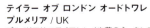

テイラー オブ ロンドン オードトワレ
プルメリア / UK
プルメリアはハワイアンレイや花のネックレスを作るのに使われる花。トロピカルで爽やかな香り。

IS：ジーピークリエイツ
M, DF：ファインフレグランス社
㉄：ジーピークリエイツ
¥2,600（50㎖）

**イングリッシュラベンダー
コロンスプレー / USA**
爽やかなラベンダーのコロン。
香りを楽しむだけでなく、ラベ
ンダーの効果で心身ともにリラ
ックス。

IS：たしろ薬品
M：キャスウェル・マッセイ
問：たしろ薬品
¥3,800（90㎖）

**グリーンブライヤー
コロンスプレー / USA**
ハーブとシトラスがブレンドされ
たオーデコロン。個性的でフレ
ッシュな香りは自由な精神を表
現している。

IS：たしろ薬品
M：キャスウェル・マッセイ
問：たしろ薬品
¥3,500（88㎖）

**キューカンバーエルダー
フラワー コロン / USA**
きゅうり油が配合されている、さ
っぱりとしたすがすがしい香り
の男女兼用コロン。

IS：たしろ薬品
M：キャスウェル・マッセイ
問：たしろ薬品
¥2,900（80㎖）

**ミケルソンベイラム
コロンウォーター（L）
USA**
月桂樹、オレンジ、スパイスなど
がブレンドされたメンズコロン。
ピリッと引き締まった香りにオレ
ンジの甘さがほんのり漂う。

IS：たしろ薬品
M：キャスウェル・マッセイ
問：たしろ薬品
¥4,700（236㎖）

**サンダルウッド
コロンスプレー / USA**
魅力的で温かみのある、ビャクダ
ンのコロンスプレー。性別を問
わないオリエンタルな香り。

IS：たしろ薬品
M：キャスウェル・マッセイ
問：たしろ薬品
¥3,800（100㎖）

ジャガー / SWITZERLAND
官能と癒しをテーマに、贅沢な香り
を求める男性のために作られたフレ
グランス。リフレッシュなアロマティ
ックフゼアの香りが持続。

IS：わかば
M：パルファム・ド・パリ
D：Thierry de Baschmakoff
問：わかば
¥7,500（75㎖）

4711 オーデコロン / GERMANY
1792年にドイツのケルンで誕生した、ナチュラル・リフレッシ
ュ・ウォーター。天然の植物素材だけで作られるその製法は、
200年の伝統が貫かれている。

IS：ウェラジャパン
M：コスモポリタンコスメテクス
問：ウェラジャパン コスメティック＆フレグランス事業部
¥3,000（100㎖）

ジョーダン バイ マイケル / USA
マイケル・ジョーダンのライフスタイルを
反映させたフレグランス。モダンで力強
く、気取らないエレガンスを感じさせる。

IS：わかば
M：ファイブ スター フレグランス
　　カンパニー
D：Michael Jordan, Bijan Pakzad
問：わかば
¥4,500（50㎖）

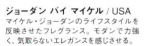

フェラーリ / ITALY
フェラーリの走りのように爽快なシャ
ープ感と、目も覚めるクール感が突き
抜ける。名車の存在を漂わす、スケー
ルの大きな香り。

IS：わかば
M：サティニーネ
D：Pierre Dinand
問：わかば
¥7,500（125㎖）

4711 アイス クールコロン
GERMANY
シトラスの香りをベースに、メント
ール系のスーパークールフレグラ
ンスを配合。氷のように冷たい感
触が心地いい。

IS：ウェラジャパン
M：コスモポリタンコスメテクス
問：ウェラジャパン コスメティック
　　＆フレグランス事業部
¥2,800（100㎖）

ヒューゴ / UK
流行に左右されない、個性的で普遍性の
ある香りの男性用フレグランス。レザーや
ムスクなどの香りで独創的な男性を表現。

IS：わかば
M：P&G
DF, D：Peter Schmidt
問：わかば
¥7,200（100㎖）

バラベルサイユ / FRANCE
ベルサイユ宮殿をイメージし、ベルサイユの舞踏会と名付け
られた。質の高い香料をふんだんに使用した贅沢な香り。

IS：わかば
M：ジェネシス インターナショナル
DF：Brosse
D：ジャン・デプレ
問：わかば
¥8,000（50㎖）

ヒューゴ ウーマン / UK
パパイヤの花の甘美な香りと、グリーン
系の爽やかな香りが、女性らしさとセクシ
ーさを自然に感じさせてくれる。

IS：わかば
M：P&G
DF, D：Peter Schmidt
問：わかば
¥5,500（40㎖）

モスキーノ ウォモ / ITALY
野性的でありながら独自の存在感を演出する、男性のための
フレグランス。クールでワイルドな魅力をもつ男性像を表現。

IS：わかば
M：ユーロイタリア社
問：わかば
¥9,500（125㎖）

オー！ デ モスキーノ / ITALY
ひと吹きしただけで潤いが蘇る、瑞々
しい香りのフレグランス。ユニークな
ボトルはミネラルウォーターを意識し
たもの。

IS：わかば
M：ユーロイタリア社
問：わかば
¥4,700（45㎖）

ラウラ / ITALY
内面の美しさを追求し続ける女性の
ための香水。クリスタルの様に澄ん
だ湖の輝きと、透明感を備えたフル
ーティな香り。

IS：わかば
M：P&G
D：Desgrippes
問：わかば
¥8,500（75㎖）

ドルチェ＆ガッバーナ プールオム / ITALY
男らしさ＝個性の象徴、をコンセプトに作られたフレグランス。サルビア、ハーブタラゴン、カルダモン等の香りが男らしさを表現。

IS：わかば
M：ユーロイタリア社
間：わかば
¥4,900（40㎖）

ディーゼル ゼロプラス フェミニン
GERMANY
ゼロ＝無意識に語りかける香り。ココナッツミルクやストロベリー、チェリー、バニラが放つ、テイスティ感覚のフロリエンタル。

IS：わかば
M：マルベール
D：Alex Gualtieri
間：わかば
¥5,000（75㎖）

ディーゼル プラスプラス フェミニン
GERMANY
ミルクをポジティブな要素として表現。ホワイトリリーやフルーツなどのブレンドは、温かみのあるクリーミーでフローラルな香り。

IS：わかば
M：マルベール
D：Alex Gualtieri
間：わかば
¥4,200（75㎖）

エマニュエル ウンガロ フルール ド ディバ
ITALY
花で始まり花で終わる芸術家ウンガロのインスピレーションと、詩的なスピリットが注がれたフレグランス。

IS：わかば
M：フェラガモ パルファム社
DF：Aesthete
D：Thierry de Baschmakoff
間：わかば
¥7,000（50㎖）

ヴェルサーチ ブルージーンズ
ITALY
ジーンズのように自由で気楽、心地よくて若々しい要素をもつ香水。すっきりと爽やかなアロマティック ウッディの香り。

IS：わかば
M：ジヴェール プロフューミ
DF：Saint Gobain & Bormioli Luigi
D：Gianni Versace
間：わかば
¥5,400（75㎖）

BEAUTY

ニコス スカルプチャー ファム
FRANCE
エレガントでセクシーな香りは女性の澄ん
だ心がテーマ。ボトルデザインは、古代ギ
リシャのアンフォラ（細長い壺）がモチーフ
となっている。

IS：ブルーベル・ジャパン
問：ブルーベル・ジャパン
¥6,700（50㎖）

ニコス スカルプチャー オム
FRANCE
地中海の歴史や、芸術的遺産を背景に作
られた男性用フレグランス。クール感があ
りながら、オリエンタル系のセクシーな香
りを放つ。

IS：ブルーベル・ジャパン
問：ブルーベル・ジャパン
¥6,700（50㎖）

ヴィヴィアン ウエストウッド ブドワール
FRANCE
フレッシュな花々にブレンドされたスパイスが、個
性的な調和を生み出し、秘めた女性らしさをひき
出してくれる。

IS：ブルーベル・ジャパン
問：ブルーベル・ジャパン
¥10,500（50㎖）

ジェイロー グロウ バイ ジェイロー
FRANCE
女優、歌手、ファッションデザイナーなど、
多方面で活躍するジェニファー・ロペスが
プロデュースした香水。

IS：ブルーベル・ジャパン
D：Jennifer Lopez
問：ブルーベル・ジャパン
¥6,800（50㎖）

ジャン リュック・アムスレール プリベ オム / FRANCE
肌と匂いの親密な関係をくすぐる、男性のためのフレグランス。カリ
スマとワイルドな男らしさを演出するミネラルウッディの香り。

IS：わかば
M：パヒューマーズ ワークショップ
D：Jean Luc Amsler
問：わかば
¥5,000（50㎖）

ミツコ / FRANCE
実在の伯爵夫人クーデンホーフ・ミツコをイメージし作られた香水。日本女性の神秘性と美しさ、情熱的な生き方が秘められている。

IS, M：ゲラン

問：ゲランお客さま窓口
¥33,000（30ml）

シャリマー / FRANCE
ゲランの中で最も有名な香水であり、世界的名香のひとつとして各国で愛されている。1925年のアールデコ博覧会で最優秀賞に選ばれたボトル。

IS, M：ゲラン

問：ゲランお客さま窓口
¥33,000（30ml）

アプレロンデ / FRANCE
雨上がりの陽射しをイメージした香水。露に濡れた下草の散歩を思いうかべるような、田園のロマンティックな香り。

IS, M：ゲラン

問：ゲランお客さま窓口
¥33,000（30ml）

オーインペリアル / FRANCE
ゲランの創始者が1853年に、ナポレオン三世の妃のため創作したオーデコロン。ボトル一面にナポレオン家の紋章をあらわす蜜蜂の模様が施されている。

IS, M：ゲラン

問：ゲランお客さま窓口
¥8,500（100ml）

アビルージュ / FRANCE
1965年、ゲランの4代目調香師が創作した、世界ではじめてオリエンタルノートを用いたメンズフレグランス。セクシーで大胆な大人の香り。

IS, M：ゲラン

問：ゲランお客さま窓口
¥10,000（100ml）

ドールフェイス ハネムーン
クレンジングミルク / USA
ハネムーンは50年代に流行ったカ
クテルの名前からつけられている。
ノスタルジックな雰囲気を大切にし
たボトルデザイン。パッケージには
カクテルのレシピが記載。

IS：シュウエイトレーディング
㈲：シュウエイトレーディング
¥3,200（120㎖）

グリーン ママ
トーニングローション
フォードライ＆ノーマルスキン
FRANCE
マリーゴールドとワイルドストロベリ
ーハーブ配合の化粧水。同じシリー
ズの各ラベルには、それぞれ配
合されているハーブのイラストが描
かれている。

IS：シュウエイトレーディング
㈲：シュウエイトレーディング
¥900（300㎖）

EMSウォータージェル
JAPAN
赤ちゃんとお母さんが一緒に
使える、オイルフリーの保湿ジ
ェル。ハーブエキス配合で、肌
に素早くなじみみずみずしさを
保ってくれる。

IS, M：松山油脂
D：岩淵まどか
㈲：松山油脂お客様窓口
¥1,000（180㎖）

ジピィ クレンジングミルクオイル
JAPAN
うるおい成分たっぷりのミルクが、肌の
上でオイルに変化し、落ちにくいメイク
や毛穴の奥の汚れを洗い流してくれる。

IS, DF：東京サービス
M：コスメテックジャパン
D：南澤朋子
㈲：東京サービス
¥970（190㎖）

B E A U T Y

イモーテル エッセンシャルローション
FRANCE
保湿力のあるイモーテルエッセンシャルオイル
が、時間をかけて肌にうるおいを与え、一日中プ
ルプルの肌を持続してくれる。

IS：ロクシタンジャポン
M：ロクシタン
問：ロクシタン青山本店
¥6,500（30㎖）

オレンジフラワーウォーター / USA
オレンジの花の成分が乾燥を防ぎ、肌に
ハリと潤いを与える化粧水。敏感肌も含
めすべての肌タイプに適応。

IS：たしろ薬品
M：キャスウェル・マッセイ
問：たしろ薬品
¥1,700（170㎖）

コーンフラワーウォーター
USA
ヤグルマギクエキス配合の化粧
水。肌の引き締めや、目元の腫れ
を抑える効果に優れている。

IS：たしろ薬品
M：キャスウェル・マッセイ
問：たしろ薬品
¥2,200（170㎖）

シア ジェントルクレンジングウォーター
FRANCE
オレンジフラワーウォーターとシアバターが配合さ
れ、古い角質除去と保湿が同時にできる化粧水。

IS：ロクシタンジャポン
M：ロクシタン
問：ロクシタン青山本店
¥2,800（250㎖）

キューカンバーエルダーフラワー
フェイシャルトニック / USA
キューカンバー（きゅうり）とエルダーフ
ラワー＝ニワトコから採ったエキスが配
合された化粧水。

IS：たしろ薬品
M：キャスウェル・マッセイ
問：たしろ薬品
¥2,400（250㎖）

キューカンバーエルダーフラワー
ジェルクレンザー / USA
肌によくなじみ、ジェルの力できれいさっ
ぱりメイクを落としてくれる。

IS：たしろ薬品
M：キャスウェル・マッセイ
問：たしろ薬品
¥1,800（80㎖）

ママ＆キッズ スキンケア / JAPAN
アトピー性皮膚炎の人でも大丈夫なように、
安心と安全を第一に考えて作られた、ママ＆
キッズのクレンジングと全身用オイルコンディ
ショナー。敏感な肌をやさしく保護しながら潤
いを与えてくれる。

IS, M：ナチュラルサイエンス
DF：タオ
D：藤村大造
問：ナチュラルサイエンス
① ¥2,300（140㎖）② ¥2,400（400㎖）

① クレンジングミルク

ル・スピノワ スキンケア / JAPAN
皮膚科学の応用と植物の恵みを結集し、自ら
の力で素肌美を作るためのローション。朝用、
夜用ともに医薬部外品。

IS, M：ディープ研究所
DF：ケイングラフィックス
D：タナカカズハル
問：マースティー カンパニー
① ¥3,700（150㎖）② ¥3,400（150㎖）

① マニエール ドゥ N

② オイルコンディショナー

② マニエール ドゥ D

ナチュラルアフターサンローション
GERMANY
ひんやりと気持ちいい感触を与えながら、
日焼けによるトラブルを防ぎケアするフェ
イス＆ボディ用乳液。

IS：ブルーメン・ハウス
M：ラヴェーラ
問：ブルーメン・ハウス
¥2,200（250㎖）

UVC'S ホワイト ホワイトニング
バランシング ローション / JAPAN
美白成分となる持続型ビタミンCは、紫色の5種類
のハーブを配合したもの。肌の奥まで透き通る白さ
がコンセプト。

IS, M：ハウス オブ ローゼ
問：ハウス オブ ローゼ
¥4,500（150㎖）

ライフリズム スキンケア / JAPAN
よく眠りよく目覚めるをコンセプトに、快眠をコーディネ
イトする全身用化粧水。

IS, M, DF：ジーピークリエイツ
D：辻小百合
問：ジーピークリエイツ
各¥1,000（150㎖）

エンパワリングミスト　　　　　スリープサウンドミスト

① ハイドレーティングマスク

② トーニングエッセンス

モイスチャーホワイト / JAPAN
植物の根、実、種子、天然の温泉水など自然の成分がふんだんに取り入れられているホワイトニングスキンケア。美白しながら素肌を健康な状態に導く。

IS, M：ザ・ボディショップ
DF：ザ・ボディショップ インターナショナル
問：ザ・ボディショップ カスタマーサービスセンター
① ¥2,800（60ml）② ¥2,800（150ml）

F&T ノンラスティング エッセンス
JAPAN
ポリフェノールを含むフルーツをメインに、ワイン酵母、お茶のエキスが配合された美容液。

IS, M：ハウス オブ ローゼ
問：ハウス オブ ローゼ
¥5,000（33g）

フェイシャルウォッシュ TT / JAPAN
うるおいを逃さず肌の汚れや余分な皮脂を洗い流す、リキッドタイプの洗顔料。ノーマル～オイリー肌用。

IS, M：ザ・ボディショップ
DF：ザ・ボディショップ インターナショナル
問：ザ・ボディショップ カスタマーサービスセンター
¥1,600（250ml）

ハイドレーティング モイスチャーセラム JJ
JAPAN
ホホバオイル、セサミオイル配合の、浸透力、保湿力に優れた美容液。なめらかでふっくらと弾力のある肌に整える。

IS, M：ザ・ボディショップ
DF：ザ・ボディショップ インターナショナル
問：ザ・ボディショップ カスタマーサービスセンター
¥2,800（30ml）

エラスティックフレイム / JAPAN
コラーゲンとセージ（ハーブ）のモチーフがプリントラベルされた、セージエキス・コラーゲン配合のクリーム状美容液。

IS, M：ハウス オブ ローゼ
問：ハウス オブ ローゼ
¥5,500（33g）

① ナチュラル ハニーソープ

カントリー＆ストリーム
JAPAN
はちみつやローヤルゼリーをバランス
よく配合した、肌にやさしいスキンケア。
乾燥肌や荒れた肌をベタつかずにしっ
とりと潤してくれる。

IS：井田ラボラトリーズ
間：井田ラボラトリーズ
① ¥1,200（200㎖）② ¥1,200（150㎖）

② モイスチャー ローション HN

カントリー＆ストリーム
ミルキィ マイルドローション / JAPAN
ミルク由来のモイスチャー成分ラクトフェリンが
配合された、低刺激、無香料、無着色の化粧水。
高い保湿力と優れた免疫力で肌あれを防ぐ。

IS：井田ラボラトリーズ
間：井田ラボラトリーズ
¥1,200（150㎖）

フロマリーゼ フェイス＆ネック リフト
JAPAN
皮膚の弾力性やハリの維持、血行促進や引き
締め効果などの相乗効果で、肌のたるみ改善
を目指す美容液。

IS：ハーバルケア
M：プロマーク
間：ハーバルケア
¥4,000（50㎖）

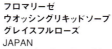

コーダリー オード レザン 2002
FRANCE
ブドウ畑から生まれたスキンケア。毎年
秋に収穫されるブドウから作られるため、
数量限定。グレープウォーター100％の
化粧水。

IS：ブルーベル・ジャパン
間：ブルーベル・ジャパン
　　コーダリー窓口
¥2,000（100㎖）

フロマリーゼ
ウオッシングリキッドソープ
グレイスフルローズ
JAPAN
ローズの力で潤いを保つ、乾燥肌の
ためのスキンケア。クリーミーな泡
立ちですすいだ後もつっぱりにくい。

IS：ハーバルケア
M：プロマーク
間：ハーバルケア
¥2,000（120㎖）

**カモマイルド バランシング
エマルジョン（I）/ JAPAN**
万能ハーブといわれるカミツレエキス
を配合し、基剤、添加剤のひとつまで
成分を厳選して作られた乳液。

IS, M：ハウス オブ ローゼ
囲：ハウス オブ ローゼ
¥3,200（~20㎖）

**アロキュア アクネ クレンジングジェル
JAPAN**
キダチアロエエキス配合のアクネ対応薬用化
粧品。年代に関係なく、徹底的なニキビケアを
目指す。

IS, M：ハウス オブ ローゼ
囲：ハウス オブ ローゼ
¥2,000（180㎖）

**ラベンダー ウォーター
UK**
安全、高品質、自然との共生をポ
リシーに作られた化粧水。ラベン
ダーが日焼けによるシミ、ソバカ
スを防ぎ、健康な肌状態に整えて
くれる。

IS：ニールズヤード レメディーズ
M, DF：Neal's Yard
　　　　Remedies Ltd
囲：ニールズヤード レメディーズ
¥1,600（100㎖）

**ビオデルマ アトデルム
クリーム / FRANCE**
アトピーなど深刻な先天性乾燥
に悩む肌のためのフェイス＆ボ
ディ用クリーム。

IS：ジャンパール
囲：ジャンパール
¥2,500（200㎖）

① クレンジング クリーム

ミルキュア スキンケア / JAPAN
ミルク成分配合のミルキュアシリーズ。肌のリズムを
整えることを第一に考え、ロングセラーとなった化粧
品。洗顔用のウオッシュはパウダーとまぜあわせて使
用する。

IS, M：ハウス オブ ローゼ
囲：ハウス オブ ローゼ
① ¥2,500（100g）② ¥2,500（250㎖）

② ウォッシュ

四季彩 パウダークレンズ
JAPAN
自然素材にこだわった四季彩シリーズの洗顔料。酵素の働きでくすみ原因となる古い角質や毛穴の汚れをしっかり落とす。

IS：ジャンパール
問：ジャンパール
¥1,500（80g）

T.N. ディッキンソンズ WH アストリンジェント / USA
米国で100年以上愛用されている、天然ウィッチヘーゼル100％の化粧水。毛穴を引き締め、脂浮きを押さえる。

IS：井田ラボラトリーズ
問：井田ラボラトリーズ
¥580（237㎖）

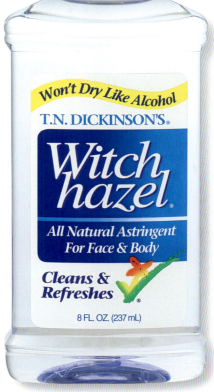

フィンド シェークル ウォッシング グリーン MD
JAPAN
ニキビやニキビ跡の気になる肌をスッキリ洗いあげ、なめらかに整える薬用クロロフィル配合の洗顔料。皮膚の新陳代謝を活発にし、肌本来の力を引き出す。

IS：井田ラボラトリーズ
問：井田ラボラトリーズ
¥1,200（70g）

ブランネージュ スキンケア / JAPAN
肌本来の機能を助けるため、活性剤や着色料を一切使用せず、天然の活性成分で作られたブランネージュのスキンケアシリーズ。赤ちゃんからアトピー性皮膚炎の人まで、すべてのスキンタイプに対応。

IS, DF：ユキ コスメティックス
M：実正
問：ユキ コスメティックス
①¥1,200（50㎖）
②¥5,000（100㎖）
③¥3,500（320㎖）

① ATソープ［ミニヨン］　　② ATローション　　③ ATソープ

ホワイト ローション / JAPAN
超微粒子パウダーが透き通るような白い肌に
導いてくれる。うるおいたっぷりで美白効果
に優れた化粧水。

IS：石澤研究所
M：三口産業
㈲：石澤研究所
¥1,500（150㎖）

アクネバリア
薬用プロテクトローション
JAPAN
ティーツリーオイル（清涼剤）と潤い
保持効果の高いハーブをブレンドし
た、大人のニキビのための化粧水。

IS：石澤研究所
M：ビューティコスメティックス
㈲：石澤研究所
¥1,500（140㎖）

明色 スクラブ ナチュラルウォッシュ（AP）
JAPAN
アプリコットのまるい粒子が、古い角質や毛穴に詰
まった汚れを取り除く、肌にやさしい洗顔クリーム。

IS, M：明色化粧品
㈲：明色化粧品
¥1,000（200g）

明色 桜ほのか 乳状メイク落とし / JAPAN
植物性セラミド、植物性コラーゲンなど天然保湿成
分をたっぷり配合したクレンジングミルク。ほのかに
香る桜の香りに肌も心もリラックス。

IS, M：明色化粧品
㈲：明色化粧品
¥900（180㎖）

明色 美顔水 薬用化粧水 / JAPAN
余分な皮脂を分解しアクネ菌を殺菌する、ニ
キビ改善効果に優れた化粧水。明治18年発
売のロングセラー商品。

IS, M：明色化粧品
㈲：明色化粧品
¥700（80㎖）

美容蜜洗顔料 / JAPAN
保湿成分のローヤルゼリーエキス効果で、洗顔後も化粧
水が不要なほどしっとり。メイク落とし、洗顔、保湿整肌の
3つの効果をもつ洗顔料。

IS：石澤研究所
M：コスメティック ジャパン
㈲：石澤研究所
¥1,800（200㎖）

① あろえ王

② 泥炭石

③ 枇杷葉石鹸

ペリカン石鹸 / JAPAN
素材と品質にこだわるペリカン石鹸の洗顔
シリーズ。なかでも、毛穴の奥の汚れまで
すっきり洗い流してくれる泥炭石は、効果と
使い心地のよさで、とくに人気が高い。

IS, M：ペリカン石鹸
D：①小林綾 ②橋本永子 ③小町真理
間：ペリカン石鹸
①¥700（150g）②¥680（150g）
③¥680（100g）

あずき洗顔
米ぬか洗顔 / JAPAN
古くから日本人女性に愛用されてきたあずきと米
ぬかの洗顔料。あずきは毛穴の黒ずみ、肌のく
すみ解消に、米ぬかはくすみの原因となる老化
した角質をやさしく取り除き、しっとりキメ
を整えてくれる。

IS：井田ラボラトリーズ
間：井田ラボラトリーズ
各¥980（90g）

あずき洗顔

米ぬか洗顔

抹茶ぱっく / JAPAN
新鮮茶葉を使用した、カテキンとビタミンたっぷ
りのパック。使用前にぬるま湯とまぜて作るの
で、いつでも新鮮なパック剤を使用出来る。

IS：石澤研究所
M：ビューティコスメティックス
間：石澤研究所
¥1,600（80g）

露姫 乳液 / JAPAN
しっとり成分のコメ発酵液（日本
酒）が配合された、無香料、無着
色の乳液。ふっくらしたもち肌を
作る効果あり。

IS：井田ラボラトリーズ
間：井田ラボラトリーズ
¥1,150（150㎖）

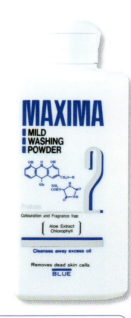

マクシマ2 マイルド ウォッシング パウダー
JAPAN
毛穴につまった汚れを酵素の力ですっきり落とす、オイリ
ー～ノーマル肌用洗顔パウダー。古くなった角質を取り
除き、皮脂テカを防止する。

IS：井田ラボラトリーズ
間：井田ラボラトリーズ
¥1,000（100g）

ギャッツビー アフターシェイブウォーター
JAPAN
有効成分の殺菌作用で、ひげ剃り後の肌荒れ、剃刀
まけを防いでくれるシェイブローション。

IS, M：マンダム
囲：マンダムお客さま相談室
¥400（140㎖）

ニューポート アフターシェイブ
USA
ひげ剃り後の肌をさっぱり爽やかに保
つ、アフターシェイビングローション。

IS：たしろ薬品
M：キャスウェル・マッセイ
囲：たしろ薬品
¥3,000（90㎖）

マンダム アフターシェーブローション
JAPAN
ひげ剃り後の肌をクールに引き締め、荒れた肌は整え
てくれる。

IS, M：マンダム
囲：マンダムお客さま相談室
¥700（120㎖）

Dr. ハンター シェービングクリーム（ジャー）
USA
ひげ剃りをスムーズに促しながら、肌を優しく保護してく
れるシェービングクリーム。

IS：たしろ薬品
M：キャスウェル・マッセイ
囲：たしろ薬品
¥2,400（240g）

SKINCARE

丹頂 ヘヤートニック / JAPAN
永年にわたり男性たちの支持を得てきたスタンダード商品、丹頂のヘヤートニック。

IS, M：マンダム
問：マンダムお客さま相談室
¥800（240ml）

ゼロフリッツ ヘアセラム / USA
髪質矯正、ダメージディープケア、ドライヤー熱からの保護にも効果がある、ケア成分99.9%の髪用美容液。

IS：ジャンパール
問：ジャンパール
¥1,600（100ml）

フレーシェ ヘアコロン（フルーティ）/ JAPAN
ノンアルコールタイプで髪にやさしく、シュッとひとふきするとタバコなどの嫌な匂いを寄せ付けなくなる、ヘア用フレグランス。

IS, M：マンダム
問：マンダムお客さま相談室
¥800（100g）

バーレイ ブルーコンディショナー / JAPAN
天然ラノリンが髪をソフトにつややかに仕上げる整髪料。頭皮、頭髪に潤いを与え、白髪を自然に目立たなくする効果あり。

IS：スワン
M：ジャパンビューティプロダクツ
問：スワン
¥1,000（100g）

バーレイ ヘアリキッド / JAPAN
個性を重視する男性のためのヘアリキッド。基調となるケンタッキー産高級葉たばこの香りが男らしさを演出。

IS：スワン
M：ジャパンビューティプロダクツ
問：スワン
① ¥1,460（150ml） ② ¥1,170（150ml）

① エグゼクティブライム

② ヘアリキッド

ギャッツビー
ワイルドスタイリングソリッド
JAPAN
ワックスより伸びがよく馴染みやすい、ソリッドタイプのヘアスタイリング。ミディアムヘアでもしっかりクセづけが出来る。

IS, M：マンダム
（問）：マンダムお客さま相談室
¥800（100g）

プロテイク ヘアホールドワックス
JAPAN
セット力とキープ力に優れたファイバー状ヘアワックス。ベタつかずナチュラルな仕上がりでどんなスタイルにも対応。

IS：井田ラボラトリーズ
（問）：井田ラボラトリーズ
¥1,250（130g）

プロテイク スタイリング
ストレートS / JAPAN
サラサラファイバー成分が潤いを与えながら、毛先までストンとおちるきれいなストレートヘアを作るスタイリング剤。

IS：井田ラボラトリーズ
（問）：井田ラボラトリーズ
¥1,280（150g）

柳屋 スプレードライ / JAPAN
ゴワつかずベタつかず、きりっとドライなヘアスタイルを持続するメンズ用ヘアスプレー。爽やかなシトラスの微香性。

IS, M：柳屋本店
DF：大日本印刷
（問）：柳屋本店
¥オープン（180g）

アットレージェルワックス
〈スーパーハード〉/ JAPAN
やわらかくコシのない髪を立ち上げたり、固く頑固な髪を思い通りにまとめたり、どんなスタイルも思いのままに出来るヘアジェル。

IS, M, DF：柳屋本店
D：永沼健一
（問）：柳屋本店
¥600（700g）

ソールヴェール ヘアワックス
〈ハード〉/ JAPAN
毛束をつくり、髪に立体感を与えるヘアワックス。適度なホールド力で動きのある自然なスタイルに仕上がる。

IS, M, DF：柳屋本店
D：塩田知子
（問）：柳屋本店
¥900（850g）

FOOD

SAUCES,SEASONINGS & C.

SOFT DRINKS

SWEETS

P105---P130

ワトキンズ アンチョビソース / UK
アンチョビを開いてすり潰し、スパイスを入
れてブレンド。ペースト状にのばしソースに
したもの。カナッペ、パンのスプレッド、魚
料理にかけてもおいしい。

IS：キタノ商事 / 紀
M：ケディー ソースマスターズ リミテッド
〠：キタノ商事
¥500（170㎖）

シーズ オブ チェンジTM
HOLLAND
種からじっくりと有機農法で作り
上げたパスタソースは、JAS 公認
の100％オーガニック食品。

IS：マスターフーズ リミテッド / 紀
〠：シーズ オブ チェンジお客様
　　相談室
¥オープン（380g）

① バーニャカウダ

ボヘミアン / FRANCE
フランス・プロヴァンス特産の赤ピーマンをトマト、
なす、にんにく、スパイスで煮込んだペースト。

IS：アーク / 紀
M：ジャン マルタン
〠：アーク
¥1,200（360g）

モンタニーニ 料理ソース / ITALY
唐辛子のキャラクターが目印のモンタニーニの料理ソースシ
リーズ。手軽に家庭で本格的なイタリアングルメが味わえる。

IS：野澤組 / 紀
M：モンタニーニ
〠：野澤組
① ¥1,000（290g）② ¥460（140g）

② トマトソース

F O O D

セミドライトマト（オリーブオイル漬け）/ ITALY
程よく半乾燥にしてあるので、フルーティでとろけるようなおいしさのオリーブオイル漬けトマト。トースト、サラダ、パスタなどの材料に使える。

IS：プチマージュ / 紀
M：フィオルデリージ
㈲：プチマージュ
¥1,600（290g）

クチーナ・アンティーカ・ポルチーニ / ITALY
イタリアのきのこの王様・ポルチーニをカットして、ヴィネガーオイルに漬けたもの。アンティパストや肉料理のつけ合わせに使える。

IS：モンテ物産 / 紀
M：メニュー社
㈲：モンテ物産
¥オープン（200g）

サンドライドトマト・オリーブオイル漬け
ITALY
完熟トマトを天日で乾燥させ、オリーブオイルに漬け込んだもの。サラダやパスタ料理の素材やそのままおつまみにもなる。

IS：モンテ物産 / 紀
M：チサ社
㈲：モンテ物産
¥オープン（290g）

カモのテリーヌ
FRANCE
瓶入りの手軽でおいしいテリーヌ。缶詰だと気になる舌を刺すようなアルミの刺激がない。

IS：ジャフレイ / 紀
M：オノ
㈲：ジャフレイ
¥600（180g）

イタリアン・タボーラ ペースト
ITALY
それぞれ、魚や鶏肉料理に最適なアーティチョーク（朝鮮アザミ）と、ビーフやポークシチューなど温かい料理によくあうポルチーニのペースト。

IS：鈴商 / 紀
M：フィオレンティーニ・アリメンタリ・エス・
　　ピー・エー
㈲：鈴商
① ¥480（130g）② ¥800（130g）

① アーティチョーク・ペースト

② ポルチーニ・ペースト

エルセルピス グリーンオリーブ・種抜き（瓶入り）
SPAIN
エルセルピスは、オリーブの本場スペインを代表するブランド。1926
年創業の老舗ならではの上品な味わいで塩分ひかえめの逸品。

IS：ペスカ / 紀
M：カンディド・ミロ社
間：ペスカ
¥660（350g）

ヴィンコット・オリジナル / ITALY
ヴィンコットは、2 種類のブドウの圧搾汁を一
昼夜煮詰め、1/3 になったものを樫の木樽で
さらに 4 年間熟成させた無添加の甘味料。

IS：ワールドトレーディング / 紀
M, DF：アシエンダ・アグリコラ・カロジウリ
D：ジャンニ カロジウリ
間：ワールドトレーディング
¥2,300（250㎖）

コルニッション / FRANCE
南フランス産のコルニッション（極小きゅうり）を手摘みし、ビネガー
等を一緒に瓶詰め。程よい酸味と新鮮な歯ごたえが特徴。

IS：アルカン / 紀
M：シャルボノー・ブラバン
間：アルカン
¥480（210g）

リーペリン ウスターソース / UK
英国・ウスター市で生まれた本物のウスター
ソース。素材のうま味を引き出し、独特のコク
と深みを与える。

IS：明治屋
M：HPフーズ社
間：明治屋
¥390（150㎖）

ホット ソース / USA
熟したカイエンペパーを長期熟成させ、食塩と酢を加えた製品。辛さを程々に抑えてあり、パスタや肉・魚料理の各種ソースの隠し味に最適。

IS：タマル商事 / 紀
M：クリスタル インターナショナル
問：タマル商事
¥150（88㎖）

**アルチェネロ（オーガニック）
トマトソース・ブルスケッタ
ITALY**
カットトマトがたっぷり。オリーブオイル、塩、ニンニクスライスを加えパンにのせれば簡単にブルスケッタが出来上がる。

IS：日仏貿易
M：アルチェネロ
問：日仏貿易
¥450（500g）

**デルモンテ トマトケチャップ
JAPAN**
真っ赤に完熟したトマトから作られた、パイナップルビネガーが味の決め手のトマトケチャップ。

IS, M：キッコーマン
問：キッコーマン
¥215（300g）

アチェート・バルサミコ / ITALY
公爵の酢と称される高貴な味わいは、北イタリア・モデナ産。かつては貴重品として貴族の食卓を飾っていた。

IS：モンテ物産 / 紀
M：アドリアーノ・グロソリ社
問：モンテ物産
¥オープン（500㎖）

デリシャスソース中濃 / JAPAN
たまねぎやトマトなど新鮮な野菜をベースに、自家製ビネガーで仕上げたソース。

IS, M：キッコーマン
問：キッコーマン
¥220（300㎖）

レッドピリピリ / SPAIN
食欲をそそるピリリと刺激的な辛さが最高のレッドペッパー。料理のおいしさを引き立てる名脇役。

IS：キタノ商事 / 紀
M：フィガロ
問：キタノ商事
¥300（45g）

SAUCES, SEASONINGS & c.

ガレッティ ワインビネガー 赤
ITALY
イタリア最古の醸造所から産出されるビネガー。100年以上の伝統を感じさせる、繊細な風味となめらかな味。

IS：日食／紀
M：ガレッティー
¥350（250㎖）

**サンタマリア エキストラバージン
オリーブオイル／ITALY**
オリーブの育成に最適なローマ郊外、アブルッツオの丘で、注意深く厳選した実だけを手摘みし、作られたオリーブオイル。ローマ法王庁をはじめ数々の高級ホテルにも納入している。

IS：明治屋
M：サンタマリア
㊙：明治屋
¥2,500（500㎖）

**サンタテア エキストラバージン
オリーブオイル（フルッタート・
インテンソ）／ITALY**
フィレンツェ郊外で約400年間ゴネーリ家が作り続けている、歴史ある高級オリーブオイル。早摘みのオリーブを使った強い個性と、フレッシュな風味が特徴。

IS：明治屋
M：サンタテア
㊙：明治屋
¥1,600（250㎖）

**サンタテレサ1881ハイセレクション
エキストラバージンオリーブオイル**
SPAIN
濁りのあるノンフィルタータイプ。自然でフルーティな風味が特徴。商品名の1881は、サンタテレサ社の工場番号であり、スペインのラッキーナンバーでもある。

IS：明治屋
M：サンタテレサ
㊙：明治屋
¥1,200（250㎖）

① モニーニ・エクストラ
　バージン・オリーブオイル

② モニーニ・エクストラ
　バージン・オリーブオイル

モニーニ / ITALY
イタリアの名門モニーニ社の製品。オリーブオイルの豊かな風味
が広がる。

IS：キッコーマン
M：モニーニ社
問：キッコーマン
①￥600（250㎖）②￥1,200（750㎖）③￥500（500㎖）④￥700（500㎖）

③ モニーニ・グレープシードオイル

④ モニーニ・ピュア・オリーブオイル

ハインツ ビネガー / USA
ぶどう酒を主原料にして作ったワインビネガー
と、大麦の麦芽とトウモロコシの抽出液を発酵
させたモルトビネガー。

IS：ハインツ日本 / 紀
M：H.J.ハインツカンパニー
各￥290（355㎖）

モルトビネガー　　　　　　　ワインビネガー

**マスポルテル
シェリービネガー・リザーブ
（原産地呼称付き）**
SPAIN
スペイン産部・カディスの代表的
ぶどうパロミノから生まれる新シェ
リー酒を元に、伝統的ソレラ・
システムで50年間熟成されたビネ
ガー。

IS：ペスカ / 紀
M：ユーロアリメント社
問：ペスカ
￥2,000（250㎖）

アーウィンデール シーザードレッシング
USA

本場アメリカの、本格的なシーザードレッシング。程よいチーズのコクと、胡椒が効いた、クリーミーなおいしさ。

IS：ミナト商会／紀
問：ミナト商会
¥600（325㎖）

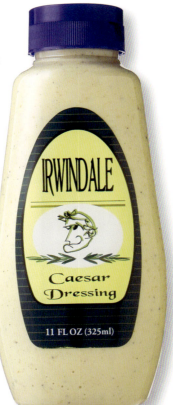

スパイシー ブラウン マスタード / USA

2種類の上品なマスタードシードを使用した、程よくスパイスを効かせたマスタード。ホットドッグやハム、ソーセージなど肉料理に合う。

IS：タマル商事／紀
M：クリスタル インターナショナル
問：タマル商事
¥450（340g）

紀ノ国屋ヨーグルト
ドレッシング / JAPAN

ヨーグルトにナチュラルチーズや香味野菜をたっぷり使った爽やかな味わいのドレッシング。生野菜にも温野菜にも最適。

IS, M：紀ノ国屋フードセンター
問：紀ノ国屋インターナショナル
¥580（200㎖）

わさびドレッシング
JAPAN

伊豆半島・天城山の清涼な水が育んだワサビをたっぷり使った、爽やかな香りと辛味のドレッシング。

IS, M：ユーサイド／紀
問：ユーサイド
¥580（150㎖）

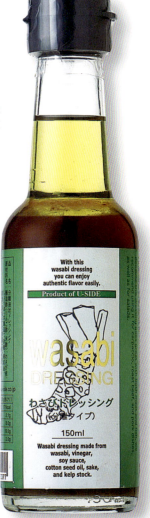

サウザンアイランド / GERMANY

トマトピューレ、マイルドマスタード、植物性オイルと各種スパイスをブレンドさせたフルーティなドレッシング。

IS：ウイングエース／紀
M：キューネ社
問：ウイングエース
¥400（250㎖）

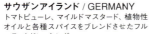

FOOD

グレープポン ディジョン マスタード / FRANCE
白ワインとビネガーで調味された、香り高いディジョン・マスタード。フランスの名品と名高い。

IS：豊産業 / 紀
M：ユニリバー ベストフーズ フランス
問：豊産業
¥430（215g）

ポメリーマスタード / FRANCE
世界中の多くのシェフに利用されている高級粒マスタード。真っ赤な蝋印をされた陶器のボトルに気品が漂う。

IS：鈴商 / 紀
M：MOUTARDE de MEAUX
問：鈴商
¥1,100（500g）

マイユ スペシャリティーマスタード
エストラゴン / FRANCE
マイユは、ディジョン・マスタードの最古のブランド。エストラゴンの微妙なコントラストがマスタードの風味を一層引き立てている。

IS：伊藤忠商事 / 紀
M：マイユ
DF：ドラゴン ルージュ
問：シーアイフーズシステムズ
¥400（215g）

ベストフーズ マヨネーズ / USA
アメリカで最初にマヨネーズを発売し全米最大のシェアを誇るベストフーズは、1905年、ニューヨークにデリカテッセンを開いたのが始まり。

IS：キタノ商事 / 紀
M：ユニリバー ベストフーズ
問：キタノ商事
¥500（433g）

kinokuniya粒入りマスタード
JAPAN
マイルドな酸味と辛味、かすかな苦みが程よく調和された荒挽きマスタード。

IS, M：紀ノ国屋フードセンター
問：紀ノ国屋インターナショナル
¥300（55g）

① イタリアンパセリ
〈フリーズドライハーブ〉

② クローブ〈パウダー〉

③ 香りのよいコショー

④ クッキングコショー

⑤ あらびきコショー

⑥ パプリカ

⑦ パセリ

⑧ シナモン

⑨ ナツメグ

ハウス スパイス / JAPAN
いつもの料理にサッとひとふり、味と香りがひきしまる、ハウスのスパイスシリーズ。

IS, M：ハウス食品
間：ハウス食品
① ¥350（2g）② ¥200（16g）
③ ¥240（30g）④ ¥330（50g）
⑤ ¥120（15g）⑥ ¥120（17g）
⑦ ¥120（4g）⑧ ¥120（14g）
⑨ ¥120（15g）

① オレガノホール

② セロリーシードホール

スパイス アイランド / USA
世界中から厳選されたものだけを集めた、妥協を許さないスパイス&ハーブのシリーズ。1ランク上の、香りや味を楽しめる。

IS：タマル商事 / 紀
M：トーンズ
間：タマル商事
① ¥400（18㎖）② ¥450（62g）

マスコット バジリコミックス / JAPAN
バジルの風味が効いたパスタ用シーズニング。白身魚やチキン等のグリル、ソテーの下味付けにも使える。

IS, M：マスコットフーズ / 紀
DF：イフカンパニー
間：マスコットフーズ
¥300（30g）

フライドオニオン / GERMANY
新鮮なタマネギをカットし、小麦粉と食塩を加え植物性オイルでローストし、クリスピーな味わいに仕上げている。

IS：ウイングエース / 紀
M：キューネ社
間：ウイングエース
¥380（100g）

FOOD

ホニック ビーフブイヨン

ホニック チキンブイヨン

ホニック ブイヨン / HOLLAND

多くの料理愛好家を魅了し、親しまれて
きたヨーロッパ仕込みのブイヨン。ワン
ランク上の味が楽しめる。

IS：センターポイント／紀
M：ホニック フーズ
問：センターポイント
各¥350（72g）

アジシオ / JAPAN

食塩にコンブなどのうま味成分を加えたおいしいお
塩。サラサラで使いやすく、用途が広い。

IS, M：味の素
問：味の素
¥オープン（60g）

ベティークロッカー　ベーコス・チップス / USA

豆タンパクにベーコンフレーバーを付けたサラダ・トッピング。
動物性脂肪のない、健康志向の商品として好評。

IS：鈴商／紀
M：ゼネラルミルズ・セールス. インコーポレーテッド
問：鈴商
¥450（116g）

ホーメル・ベーコン・ピース / USA

本物のベーコンのサラダ・トッピング。アイデア次第でいろ
いろな料理に便利に使える。

IS：鈴商／紀
M：ホーメル・フーズ・コーポレーション
問：鈴商
¥460（57g）

味の素コンソメ顆粒 / JAPAN

じっくり煮出した牛肉と香味野菜のコクがギュッと詰まったスー
プの素。スープや煮込み料理が手軽に作れる。

IS, M：味の素
問：味の素
¥オープン（85g）

ミダ マドラスカレーパウダー / INDIA
豊かな香りと唐辛子の辛味が効いたインド南部・マドラスの本格的なカレーが手軽に作れるカレーパウダー。

IS：三祐食品 / 紀
M：ミダ社
問：三祐食品
¥650（224g）

インデアン純カレー粉 / JAPAN
スパイスの素材を活かしたインデアン食品独自のカレー粉。南国の色と香りに、日本食文化の味を調和させた風味豊かな天然カレーパウダー。

IS, M：インデアン食品 / 紀
問：インデアン食品
¥400（75g）

季綿記 特選オイスターソース / CHINA
新鮮な牡蠣のエキスをたっぷりと使った、本物だけが持つ深いコクと濃厚な味わいの、元祖・オイスターソース。

IS：ライオン / 紀
M：季綿記（香港）食品有限公司
問：ライオン
¥540（255g）

味百家 豆瓣醤（ドウバンジャン）
JAPAN
そら豆で作った味噌に、各香辛料を加えた香り高い辛子味噌。

IS, M：協和醗酵工業 / 紀
¥600（260㎖）

プレミアムマンゴーチャツネ / UK
伝統的なインドの調味料。マンゴとフレッシュスパイスのブレンドで甘くスパイシーな味。料理に添えたり隠し味として使用。

IS：リードオフジャパン / 紀
M：パタックス社
問：リードオフジャパン
¥600（340g）

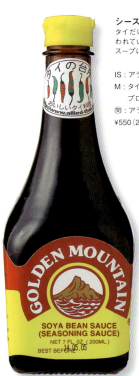

シーズニングソース / THAI

タイだけでなく、アジア全体で使われている濃口醤油。炒めものやスープにくわえるとコクが出る。

IS：アライド コーポレーション / 紀
M：タイ・テパロスフード
　　プロダクト
問：アライド コーポレーション
¥550（200ml）

吉祥の華 ネギ油
JAPAN

長ねぎとタマネギを使い、油に香ばしい香りをじっくりと移したネギ油。仕上げに少量加えるだけで、風味がアップする。

IS, M：ユウキ食品 / 紀
問：ユウキ食品
¥300（105g）

① 丸鶏使用がらスープ　　　② 金華湯瓶

味の素 中華だし シリーズ / JAPAN

それぞれ、丸鶏を使ったエキスと、中華の高級食材、金華火腿をベースにしたスープの素。

IS, M：味の素
問：味の素
① ¥オープン（55g）② ¥オープン（50g）

鎮江香醋 / CHINA

熟成期間が短く、酸味、香りともにマイルドな黒醋を、広くさして香醋という。鎮江香醋は、もち米が原料で、独特な風味が好評。

IS：万順商会 / 紀
M：JIANGSU HENGSHUN VINEGAR
　　INDUSTRY CO.,LTD
¥オープン（600g）

フィッシュソース / THAI

新鮮な小魚（アンチョビ）に塩を加えて18ヶ月間も熟成させた特級品。魚に含まれるアミノ酸のうま味を十分に引き出した天然の調味料。

IS：アライド コーポレーション / 紀
M：タング・タイ・チィエング・フィッシュソース
問：アライド コーポレーション
¥300（200ml）

フーコック ヌックマム / VIETNAM

ベトナム料理にはなくてはならないうまみ調味料。小魚を塩漬けして、熟成発酵させた魚醤。フーコック島は魚醤の代表的な産地としても有名。

IS：ドーバーフィールド ファーイースト / 紀
M：ハンタン
問：ドーバーフィールド ファーイースト
¥360（200ml）

ソイビーンソース / THAI

魚の蒸し物をはじめ、炒めものやスープなどに使われるタイの薄口醤油。

IS：アライド コーポレーション / 紀
M：ヤン・ワイ・ユン カンパニーリミテッド
問：アライド コーポレーション
¥400（300ml）

なたね黄金油 / JAPAN
無農薬・無化学肥料栽培の鹿児島産なたねを薪火で焙煎。明治5年からの技法で臼で擦り、和紙で濾過して作られているなたね油。

IS, M, DF：鹿北製油 / 紀
D：和田久輝
㈹：鹿北製油
¥1,000（630g）

健康サララ / JAPAN
胚芽たっぷりの大豆油だけを使用した天然原料100%の油。厚生労働省許可の保健機能食品（特定保健用食品）。

IS, M：味の素
㈹：味の素
¥オープン（300g）

衣花咲く揚げ油 / JAPAN
少量で簡単に、花の衣が咲いたおいしい天ぷらが揚げられる油。1/2 に減容化可能で包装材料を20%省資源化したエコボトル入り。

IS, M：味の素
㈹：味の素
¥オープン（1000g）

ねりごま 白 / JAPAN
鹿児島産の洗いごまをそのまま薪火でいり、石臼で練り上げた練りごま。無添加・無着色、無塩・無糖。

IS, M：鹿北製油 / 紀
㈹：鹿北製油
¥550（80g）

玉締しぼりごま油 / JAPAN
伝統的な製法「玉締しぼり」の胡麻油。胡麻を常温で搾るため、透明で酸化に強く、ビタミンC が多い。

IS：カドヤ / 紀
M：松本製油
㈹：カドヤ
¥850（450g）

国産ごま油 / JAPAN
鹿児島産胡麻を薪火で焙煎。明治5年からの技法で臼で擦り、和紙で濾過して作られている風味豊かな胡麻油。

IS, M：鹿北製油 / 紀
D：和田久輝
㈹：鹿北製油
¥800（160g）

かんずり（小）/ JAPAN
雪国、新潟・新井で3年間、熟成と発酵を繰り返して造られている香辛調味料。辛味のなかにもほのかに香る柚子の香りが、料理の味を引き立てる。

IS, M, DF：かんずり / 紀
D：東條邦昭
問：かんずり
¥500（57g）

マンジョウ芳醇本みりん
JAPAN
厳選されたもち米を原料につくられた調味料。自然で上品な甘みと香りが特徴。

IS, M：キッコーマン
問：キッコーマン
¥544（1ℓ）

九鬼 きりごま 卓上用 / JAPAN
厳選した胡麻をほどよく煎りあげ、香り高い風味のきり胡麻に仕上げている。容器は食卓で使いやすい卓上用タイプ。

IS, M：九鬼産業 / 紀
問：九鬼産業お客様相談窓口
¥350（75g）

金岩井純正胡麻油（金口）
JAPAN
厳選された良質の白胡麻種子を軽く焙煎し、伝統的技法で搾油した薄色仕上げの胡麻油。

IS, M：岩井の胡麻油 / 紀
問：岩井の胡麻油
¥250（140g）

① ほんだし鰹まる

ほんだし鰹まる、ほんだし煮物上手 / JAPAN
ほんだし鰹まるは、高品質のかつお節に昆布だしと鰹エキス等の各種調味料をバランスよく加えた濃厚だし汁。ほんだし煮物上手は、厳選された昆布とかつお節のだしに酒・みりん等をバランスよく加えた煮物用の調味だし。

IS, M：味の素
問：味の素
① ¥オープン（200㎖）② ¥オープン（300㎖）

② ほんだし煮物上手

海の精 紅玉梅酢 / JAPAN
奈良吉野産の梅と和歌山産のシソ
を自然海塩「海の精」で漬けた、紅
色鮮やかな梅酢。

IS：海の精／紀
D：真砂秀朗
問：海の精
¥320（200㎖）

南瓜酢、 紅芋酢
JAPAN
それぞれ、京都・丹後でとれた
えびす南瓜と紅芋から造った
酢を、さらに発酵と熟成を重ね
て仕上げた酢。

IS, DF：飯尾醸造／紀
D：飯尾さとみ
問：飯尾醸造
各¥550（120㎖）

南瓜酢　　　　紅芋酢

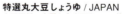
② 特選丸大豆しょうゆ

特選丸大豆しょうゆ / JAPAN
大豆原料に良質な丸大豆を100％使用。しょうゆ本来の味わ
いであるまろやかな風味と深いうまみを引き出している。

IS, M：キッコーマン
DF：GKグラフィックス
問：キッコーマン
① ¥200（100㎖）② ¥200（150㎖）③ ¥430（1ℓ）

① 特選丸大豆しょうゆ

③ 特選丸大豆しょうゆ

無添加そばつゆ / JAPAN
国産丸大豆使用の本醸造醤油を
ベースに、熟成させたカエシとか
つおのダシをブレンドした、香り
高いそばつゆ。

IS：カドヤ / 紀
M：ニシキ醤油
問：カドヤ
¥550（400㎖）

名代更科そばつゆ / JAPAN
丸大豆醤油の旨みを生かした熟成本返し仕
込みのつゆ。かつおだしの香りと旨みが日
本そばの風味を引き立てる。

IS, M：盛田 / 紀
問：盛田
¥270（360㎖）

紀ノ国屋 すきやきわりした / JAPAN
本醸造の丸大豆醤油、本みりん、昆布、かつ
お節など選び抜かれた素材を使った割下。
上質なお肉の味をより一層引き立てる。

IS, M：紀ノ国屋
問：紀ノ国屋インターナショナル
¥780（290㎖）

味付ぽん酢 柚 / JAPAN
天然ゆず果汁とゆず皮が入ったさ
わやかな酸味のぽん酢。化学調味
料、香料、合成着色料は使用して
いない。

IS：内堀醸造 / 紀
問：内堀醸造
¥500（350㎖）

わが家は焼肉屋さん
＜中辛＞ / JAPAN
化学調味料は使用せず、丸
大豆しょうゆをベースに熟成
製法で仕込んだ本格的な焼
肉のたれ。

IS, M：キッコーマン
問：キッコーマン
¥300（210g）

本つゆ / JAPAN
かつおと昆布の合わせだし
が効いた濃縮タイプのつゆ。
めん類や煮物、丼物などの
調理にも最適。

IS, M：キッコーマン
問：キッコーマン
¥400（500㎖）

ハワイアン アイランド ノニジュース
USA
ハワイの万能薬といわれているノニを配合
したマイルドで飲みやすいジュース。免疫
力を高め、高血圧やガン予防などの効果
も期待できる。

IS：ノニノニインターナショナル／紀
M：ノニマナマーケティング
問：ノニノニインターナショナル
¥3,800（473㎖）

カコラック／FRANCE
良質のココアの風味がたっぷりと感じられる乳飲
料。冷たくしても温めてもおいしい。

IS：アルカン／紀
M：カコラック
問：アルカン
¥180（200㎖）

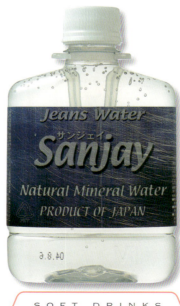

Vijay（ビジャイ）／JAPAN
ジーンズのポケットやベルトに差し込
んで持ち運べる、湾曲した独特のフォ
ルムに専用ホルダーが付いたミネラ
ルウォーター。オリジナルラベルの作
成も可能。

IS, M：Vijyay
問：Vijyay
¥オープン（330㎖）

**ハイランドスプリング
ナチュラルミネラルウォーター**
UK
スコットランドの大丘陵ブラックフォー
ド・オーキル丘の地下から涌き出たナチ
ュラルミネラルウォーター。飲み水にも
料理にも好適な硬度122の中硬水。

IS：明治屋

M：ハイライドスプリング

問：明治屋

① ¥150（500ml） ② ¥107（330ml）

③ ¥230（330ml）

① スポーツボトル　　　② ペット　　　③ 瓶

ロリーナ レモネード / FRANCE
昔ながらの製法で新鮮な湧き水から作られ
るレモネード。レモン果汁が加えられたさっ
ぱりとした味わい。

IS：アルカン / 紀

M：ジェイエル・フレール

問：アルカン

各¥320（330ml）

ロリーナ フレンチ・ベリー・レモネード　　　ロリーナ ピンク・レモネード

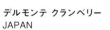

デルモンテ クランベリー
JAPAN
ポリフェノールを含む、体においしい
クランベリーのジュース。自然な酸
味を活かし、すっきりと飲みやすい
味わい。

IS, M：キッコーマン

問：キッコーマン

¥450 （750ml）

テスターズ チョイス / USA
ネッスル・コーヒーの上位グレードのインスタントコーヒー。

IS：鈴商 / 紀
M：ネッスル アメリカ
問：鈴商
¥1,200（198g）

モッコナ エスプレッソ / HOLLAND
ダークローストにより、バランスがよくエスプレッソの濃い苦みが味わえるインスタントコーヒー。

IS：豊産業 / 紀
M：サラ リー エクスポート
問：豊産業
¥1,000（100g）

スプレンディッド 深煎りインスタントコーヒー ITALY
ヨーロッパスタイルの苦みのある味をそのままにフリーズドライ製法で真空パック。イタリアンローストの独特の香りが魅力。

IS：兼松食品 / 紀
M：クラフト フーズ
問：兼松食品
¥680（50g）

FOOD

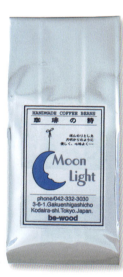

ノエルブレンド　　　　　ラブ・ラ・ブレンド　　　　　オリジナルブレンド

珈琲の詩 Moon Light　　　　　珈琲の詩 Shining Star

be-wood コーヒー＆紅茶 / JAPAN
美味しい、楽しいをテーマに、オリジナル企画商品や自家焙煎豆を販売するbe-woodの製品。楽しみながら作っているというラベルもすべて手作り。

IS, M：be-wood
問：be-wood
各¥オープン（50g〜）

おみやげバッグ（紅茶）　　　花の紅茶（ピーチシャリテ）　　　アイスコーヒー用ブレンド

① 普洱珈琲（黒茶）

② 鳳梨酥（ウーコン茶）

③ 抹茶黒豆玄米茶

④ ウエディングラベル

⑤ オリジナルブレンド ゆめ

⑥ きらら玄米茶

⑦ ダルマラベル

⑧ バースデイラベル

⑨ オリジナルラベル

レピシエ ラベル缶 お茶、紅茶 / JAPAN
東洋のお茶と世界の紅茶を産地から直接買い付けた、
新鮮でリーズナブルなレピシエのお茶。

IS, M：レピシエ

⒨：レピシエ

① ¥950（50g）　② ¥1,050（50g）　③ ¥600（50g）
④ ¥800（50g）　⑤ ¥750（50g）　⑥ ¥500（50g）
⑦ ¥850（50g）　⑧ ¥800（50g）　⑨ ¥1,050（80g）

フレーバードティー / JAPAN
本格的なおいしさを気軽に楽しめ
る、便利なティーバッグタイプの紅
茶。

IS, M：レピシエ

⒨：レピシエ

各¥500（5個）

チョコレート・ティーバッグ　　アフタヌーンティ・ティーバッグ

① ルバーブコンポート

② りんごコンポート

マテルネ コンポート / BELGIUM
コンポートは、ジャムよりも低糖度でフルーツたっぷりの、ヨーロッパの伝統的なヘルシーデザート。果実の風味や食感を楽しめる。

IS：日仏貿易 / 紀
M：マテルネ社
問：日仏貿易
① ¥500（370g）、② ¥450（375g）

BHC フルーツハチミツ ブルーベリー
UK
ハチミツとフルーツを混ぜ合わせた、添加物を一切使用していないヘルシーな自然食品。

IS：豊産業 / 紀
M：BHC ハニー サプライヤー
問：豊産業
¥800（220g）

アカシアのハチミツ / ITALY
イタリア中部の自然のなかで、素朴な養蜂家により作られたアカシアのハチミツ。

IS：アイ・エス・インターナショナル / 紀
問：アイ・エス・インターナショナル
¥900（250g）

ティレニア海岸・ユーカリの花のハチミツ

シチリア＆カラブリア・オレンジの花のハチミツ

ミエリツィア ハチミツ / ITALY
100％イタリア産のハチミツを扱うコナピの高品質なハチミツ。ラベルにはそれぞれ養蜂家の名前と産地の風景が紹介されている。

IS：日仏貿易
M：コナピ
問：日仏貿易
各¥1,200（500g）

サーズデーコテージ
ハンドメイド ピンクグレープ
フルーツマーマレード / UK
英国の農場で作られた、文字通り「手作りマーマレード」の逸品。果実の風味を生かすケーンシュガーが使われている。

IS：ミナト商会 / 紀
問：ミナト商会
¥800（340g）

カド デュ ケベック メープルシロップ
CANADA
カナダ・ケベック州の100 %純粋のメープルシロップ。自然の樹液を集め・煮詰める、という極めてシンプルな方法で製造されている。

IS：ミナト商会 / 紀
問：ミナト商会
① ¥1,100（330g）② ¥1,350（660g）

② カナダアンバー

① カナダNo.1エクストラライト

ザ・ジャム 旬 ブルーベリージャム / JAPAN
アントシアニン色素を多く含んだ広島県大崎町産のブルーベリーを使用。旬の完熟果実をシーズンパックしている。

IS：レインボー食品 / 紀
M：アヲハタ
DF：第一美術印刷
問：レインボー食品
¥500（170g）

レモンマートルハニー / AUSTRALIA
柑橘系の香りのレモンマートルの花から採った爽やかな味わいの蜂蜜に、上質のユーカリハニーがブレンドされている。

IS：大春化学工業所 / 紀
M：レインフォレスト フーズ
問：大春化学工業所 クレビナハーブ事業室
¥1,900（250g）

スービー クローバー ハニー（ベアー）/ USA
熊のボトルに入った100%天然のハチミツ。スービーは、アメリカではだれもが知っている伝統あるハチミツのブランド。

IS：ミナト商会 / 紀
M：スービー
問：ミナト商会
¥600（340g）

キャラメル・シロップ　　　　　　　　ココナッツ・シロップ

ハーシー チョコレートシロップ
USA
100年以上の歴史を誇るハーシーが作り出す良質のチョコレートシロップ。プロからも、また家庭でも好評。

IS：ハーシー ジャパン／紀
M：ハーシー フーズ コーポレーション
問：ハーシー ジャパン
¥570（623g）

モナン シロップ / FRANCE
ココナッツやキャラメルなどの風味豊かなノンアルコールシロップ。カクテル、フレーバーコーヒーやお菓子作りなどに最適。

IS：日仏貿易／紀
M：ジョルジュ モナン社
問：日仏貿易
各¥680（250g）

ブルーベリー・メープルシロップ
CANADA
カナダのブルーベリーをメープルシロップだけで煮詰めて作った、ヘルシーな天然シロップ。

IS：田辺インターナショナル／紀
M：H.T.エミコット
DF：デザイン工房 フリーバード
D：渡辺泰史
問：田辺インターナショナル
¥580（125㎖）

ペノッティーチョコラティ
ダークチョコ / HOLLAND
厳選された原料をもとに、合成保存料・着色料を一切使用しない、身体にやさしい自然の味が楽しめるチョコレートスプレッド。

IS：明治屋
M：ペノッティー
問：明治屋
¥550（300g）

ヴァイネ
カラメルデザートソース
（バニラ風味）
FRANCE
アイスクリームやプディングに
そのままかけて、また、料理の
ソースの下地のアクセントに
も最適なカラメルソース。

IS：ペスカ / 紀
M：ダクロス社
問：ペスカ
¥880（210g）

チェルシー ゴールデンシロップ / NEWZEALAND
スコーンやホットケーキ、お菓子の材料として使われるシ
ロップ。100年以上の歴史あるメーカーのため、元来のデザ
イナーは不明だが、現在使われている最新のデザインはロ
ブコート氏によるもの。

IS：ダブリューダブリュートレーダーズ / 紀
M：ニュージーランド シュガーカンパニーリミテッド
DF：COATS DESIGN
D：ROB COATS
問：ダブリューダブリュートレーダーズ
¥650（500g）

メリタ フレーバーシロップ アイリッシュクリーム
USA
コーヒーなどに加えるだけで手間いらずで、簡単に香り豊
かなアイリッシュクリームのフレーバードリンクに変えるこ
とができる。

IS：メリタジャパン / 紀
M：メリタ ユーエスエー
問：メリタジャパンお客様相談センター
¥1,200（250㎖）

シアトルチョコレート カベルネ
USA
柔らかいチョコを固いチョコでコーティ
ングした、赤ワインフレーバーのチ
ョコレート。アルコール分はゼロ。

IS：ワールドリンク / 紀
M：シアトルチョコレート社
問：ワールドリンク
¥850（142g）

① 4pパック Box

ラカサ チョコレート / SPAIN
スペインのチョコレート会社、ラカサ社のカラフルでキ
ュートなチョコレート。見ても食べてもおいしい。

IS：ソニープラザ
問：ソニープラザ
① ¥1,200（600g）
② ¥380（250g）
③ ¥380（250g）

② ラカシトス シリンダー　　　③ ペコソス シリンダー

マロン グラッセ MG-1 / SPAIN
伝統的な製法で、ゆっくりと糖分を含ませて仕上げられた
マロングラッセ。栗のなかまでシットリとして柔らかい。

IS：白井松新薬 / 紀
M：MARRON GLACÉ,S.L.
問：白井松新薬
¥1500（8粒）

マウナロア・マカデミアナッツ / USA
ハワイにあるマウナロア社独自のロースト技術で、カリッと
してクリーミーな味わいのマカデミアナッツ。軽い塩味のフ
レーバー。

IS：明治屋
M：マウナロア
問：明治屋
¥1,200（184g）

プランターズ ドライロースト ピーナッツ / USA
キャラクター・ミスターピッナッツのデザインは、1916年、
当時のプランターズ社が販促コンテストで小・中学生より
募集して採用した。

IS：ヤマザキ・ナビスコ / 紀
M：クラフトフーズ ノースアメリカ プランターズ事業部
¥440（226g）

アブラカタブラ・チャイナ

① アーモンドショコラ

② ノアゼット

アブラカタブラ・インド

③ オレンジクッキー

kinokuniyaクッキーコレクション / JAPAN
オレンジやチョコレート、ヘーゼルナッツなどを使った、香
ばしいクッキー。

IS, M：紀ノ国屋フードセンター
問：紀ノ国屋インターナショナル
① ¥500（95g）② ¥380（12本）③ ¥500（5枚）

アブラカタブラ / JAPAN
スパイスミルクティー（チャイ）のチョコレート。甘さの中に
ピリッとスパイシーな味わいが特徴。

IS, M：レピシエ
問：レピシエ
各¥500（8個）

LIVING

BATH & BODY

HOME CARE

OTHERS

ミルクバス / USA
肌がしっとりうるおうミルクプロテイン、アロエなどが配合されているフォームバス。ボディソープとしてもバブルバスとしても使用出来る。

IS：たしろ薬品
M：キャスウェル・マッセイ
㈱：たしろ薬品
¥3,200（928㎖）

フレーバーラテバス
カプチーノ イン バス / JAPAN
シアトルスタイルのカフェをイメージし本物のドリンクカップを使用した入浴料。バブルバスに好みのフレーバーをトッピング。

IS, M, DF：ジーピークリエイツ
D：田村真紀
㈱：ジーピークリエイツ
¥800（20g x 3包 , 15㎖ x 各3包）

ベアリーバブルバス ラズベリー / USA
子供の肌にも優しい、豊かな泡立ちのバスジェル。ボディソープとしてもバブルバスとしても使用出来る。

IS：たしろ薬品
M：キャスウェル・マッセイ
㈱：たしろ薬品
¥1,400（240㎖）

カラーズ バスソルト
（ローズ） / AUSTRALIA
お湯に入れると、甘いローズの香りが広がるバスソルト。優雅な気分でゆったりとしたい時にお勧め。

IS：グローバル プロダクト
　　プランニング
㈱：グローバル プロダクト
　　プランニング
¥580（300g）

プロフエール ミネラル
リキッド バス / JAPAN
濃縮ミネラル塩と海藻エキスがたっぷり配合されたミネラル入浴料。軽いエクササイズと同じほどの発汗効果が期待できる。

IS：井田ラボラトリーズ
㈱：井田ラボラトリーズ
¥1,400（400㎖）

パトモス ボトルシリーズ
バスエッセンス シトラス
JAPAN
植物の葉や花、果実などから抽出されたエッセンシャルオイルをとりいれた入浴剤。1粒で柑橘系のフレッシュな香りが広がる。

IS, M, DF：ジーピークリエイツ
㈱：ジーピークリエイツ
¥780（8g x 6粒）

① バス エッセンス

シーウィード / JAPAN
ミネラルを豊富に含む海藻エキスを配合したシーウィードシリーズのボディケア。荒れた肌の修復や新陳代謝を促す作用に優れている。

IS, M：ハウス オブ ローゼ
問：ハウス オブ ローゼ
① ¥1,800（350㎖）② ¥2,000（300㎖）

② ボディ ソープ

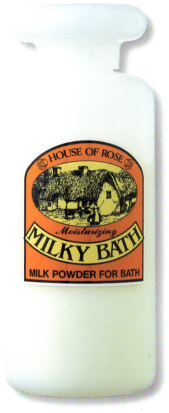

モイスチュアライジング ミルキィ バス / JAPAN
ミルク成分をふんだんに配合した、肌をしっとりなめらかに整える入浴剤。

IS, M：ハウス オブ ローゼ
問：ハウス オブ ローゼ
¥3,000（550g）

アクア リラクシング スパ バスエッセンス
JAPAN
ローズマリーやラベンダーなど4種のハーブが配合された、リラクシング効果とスキンケア効果を併せもつエッセンス。

IS, M：ハウス オブ ローゼ
問：ハウス オブ ローゼ
¥1,800（200㎖）

バスツアーズ ボディスープティック
（バスソルト C）/ JAPAN
ミネラルをたっぷり含んだソルトレイクシティ産の天然ソルトに、モモ葉エキスが配合された入浴料。身体を芯から温め、新陳代謝を促進する。

IS, M：リサージ
DF：カネボウファッション研究所
D：鳥羽泰弘
問：リサージ
¥1,800（180g）

バスツアーズ ボディスープティック（スパイシー
ハーブ c）/ JAPAN
お湯に浮かべるとローズ＆アップルの花と香りが広がる、ポプリタイプの入浴剤。天然精油配合。

IS, M：リサージ
DF：カネボウファッション研究所
D：鳥羽泰弘
問：リサージ
¥1,800（40g）

バスツアーズ ボディソースティック（リキッド a）
JAPAN
ソースのようにとろりとまろやかな肌あたりのボディ洗浄液。
リラックスできる、カモミール&ゼラニウムの香り。

IS, M：リサージ
DF：カネボウファッション研究所
D：鳥羽泰弘
問：リサージ
¥1,600（250㎖）

生薬の華 / JAPAN
あせも、しっしん、神経痛、リウマチなど、様々な症状に効果があ
る、8種の自然生薬が配合された薬用入浴剤。

IS, M：日本漢方研究所
問：日本漢方研究所
¥3,500（1,200g）

バスツアーズ ボディスープティック（ミルク b）
JAPAN
トマトとシルクエキスが配合された、ミルクタイプの薬用入浴
剤。美肌だけでなく、冷え性、肩こり、腰痛にも効果あり。

IS, M：リサージ
DF：カネボウファッション研究所
D：鳥羽泰弘
問：リサージ
¥1,800（240㎖）

ナチュラルハーブ / JAPAN
美肌や健康にも効果の高いナチュラルハーブを厳選して使用し
た、さわやかな香りの薬用入浴剤。

IS, M：日本漢方研究所
問：日本漢方研究所
¥3,500（1,200g）

バスツアーズ ヘアソースティック（ウオッシュ b）
JAPAN
地肌に負担をかけず、傷んだ髪をやさしく洗う弱酸性シャンプ
ー。マンダリン&トマトの爽やかな香り。

IS, M：リサージ
DF：カネボウファッション研究所
D：鳥羽泰弘
問：リサージ
¥1,600（250㎖）

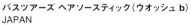

パパヤ桃源 / JAPAN
パパイヤからとれるパパイン酵素
配合が肌の汚れを落としてくれ、
肩こり、神経痛にもよく効くロング
セラー薬用入浴剤。

IS, M：五州薬品
間：五州薬品
¥1,700（700g）

竹酢液 / JAPAN
竹炭を焼くときに発生する煙から採
取したエキスを熟成、精製して作ら
れる竹酢液が主成分の入浴料。身
体を芯からあたためてくれる。

IS, M：日本漢方研究所
間：日本漢方研究所
¥1,600（1ℓ）

田舎娘印ボディソープ / JAPAN
米ヌカから抽出された成分と、米発酵エキスが配合されたボディソープ。細
かな泡立ちでさっぱりしっとり洗い上げてくれる。

IS, M：渋谷油脂
DF：マテックス
間：渋谷油脂
¥1,000（350㎖）

海の物語 SA / JAPAN
日本海海洋深層水に天然塩、
海藻エキス、スクワランを配合
したソルトタイプの入浴剤。開
放感あふれるリラックスオーシ
ャンの香り。

IS, M：五州薬品
間：五州薬品
¥1,500（630g）

① サツマ バス＆シャワージェル

② ココナッツ＆ライム ボディミルク

① バスオイルO&C

② ボディウォッシュO&H

ジュースイット / JAPAN
しぼりたてのフルーツ、野菜、ハーブのエキスを詰め込んだ、ジュースイットシリーズのバス＆ボディ用品。

IS, M：ザ・ボディショップ
DF：ザ・ボディショップ インターナショナル
問：ザ・ボディショップ カスタマーサービスセンター
① ¥900（250㎖）② ¥1,500（250㎖）

ボディマッサージオイル アンセンティッド
JAPAN
大豆オイル配合の無香料マッサージオイル。入浴後にゆっくりと時間をかけて使用すると効果的。

IS, M：ザ・ボディショップ
DF：ザ・ボディショップ インターナショナル
問：ザ・ボディショップ カスタマーサービスセンター
¥700（250㎖）

バスオイルO&C、ボディウォッシュO&H
JAPAN
オーガニックオリーブ油と大豆油配合のバスオイルと、肌をしっとりと洗い上げるオーガニックハニー配合のボディシャンプー。

IS, M：ザ・ボディショップ
DF：ザ・ボディショップ インターナショナル
問：ザ・ボディショップ カスタマーサービスセンター
① ¥2,300（150㎖）② ¥1,500（250㎖）

ラベンダー ボディローション
JAPAN
オーガニックラベンダーのピュアエッ
センシャルオイルが配合されたボデ
ィローション。

IS, M：ザ・ボディショップ
DF：ザ・ボディショップ
　　　インターナショナル
問：ザ・ボディショップ
　　カスタマーサービスセンター
¥2,800（250㎖）

アベナキネシア ナチュラルボディ
シャンプー / SPAIN
スペイン産天然麦配合のナチュラル製
品。麦の繊維が古い角質をやさしく取り
除く。バブルバスとしても使用可能。

IS：井田ラボラトリーズ
問：井田ラボラトリーズ
¥580（250㎖）

ミス エレガンス ボディソープ / JAPAN
優しく甘いピンクブーケの香りのボディソープ。配合され
たはちみつ成分（天然保湿成分）が、つややかな肌に整えて
くれる。

IS, M：ペリカン石鹸
D：小林綾
問：ペリカン石鹸
¥オープン（250㎖）

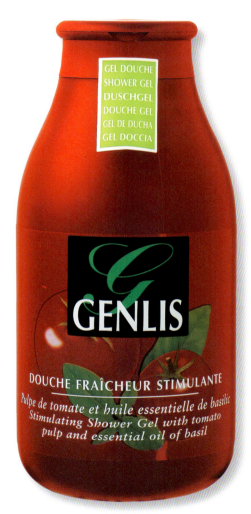

ジョンリス ボディシャンプー トマト＆バジル / FRANCE
トマトエキスとバジルのエッセンシャルオイルが入ったボディシャン
プー。泡立ちがよくさっぱりとした洗い上がり。

IS：ジャンパール
問：ジャンパール
¥500（300㎖）

ホワイトムスク
バス＆シャワージェル / JAPAN
豊かな泡立ちで肌をしっとりと洗い上げ
る、ホワイトムスクの香りが心地いいシャ
ワージェル。バブルバスとしも使用可能。

IS, M：ザ・ボディショップ
DF：ザ・ボディショップ
　　　インターナショナル
問：ザ・ボディショップ
　　カスタマーサービスセンター
¥1,200（200㎖）

ペパーミント クーリング フットソーク
JAPAN
ペパーミントが香るフットバス。ほてった足を
落ち着かせ、疲れやだるさをクールダウンさ
せてくれる。

IS, M：ザ・ボディショップ
DF：ザ・ボディショップ インターナショナル
問：ザ・ボディショップ
　　カスタマーサービスセンター
¥1,500（200g）

ナチュラル ワイルドローズ シャワージェル
GERMANY
ローズとアロエのエキスがデリケートな肌を優しく洗い
上げる。シルクのような、滑らかな使い心地のシャワー
ソープ。

IS：ブルーメン・ハウス
M：ラヴェーラ
問：ブルーメン・ハウス
¥1,800（200㎖）

オタバ スカンジナビアン バス / JAPAN
北欧の海域という苛酷な自然の状況に耐え抜く褐藻
類からの抽出エキス、アルゲコロイドとタンパク分解
酵素を生かした薬用入浴剤。

IS, M：ハウス オブ ローゼ
問：ハウス オブ ローゼ
¥2,500（800g）

液体汗蒸風呂 ボトルタイプ / JAPAN
一ヶ月かけて抽出された生薬有効成分が、優れた発汗性
と効果を発揮。肩こりや血行促進によく効く薬用入浴液。

IS：石澤研究所
M：ヘルスケミカル
問：石澤研究所
¥2,000（300㎖）

**インドエステ入浴液
（サンダルウッド） / JAPAN**
肌をひきしめ発汗を促進する、オリ
エンタルハーブとホットスパイスが
配合された液体入浴剤。エキゾチッ
クなインドアロマの香りはリラック
ス効果も高い。

IS：バイソン
M：コスメクリエイトプロダクツ
問：バイソン
¥1,200（510㎖）

S&H ホットスパ / JAPAN
トウガラシエキスの働きで、じわじわ
と発汗し簡単サウナ気分が味わえ
る。スパイシーな香りの入浴液。

IS：石澤研究所
M：ジャパンビューティプロダクツ
問：石澤研究所
¥1,500（540㎖）

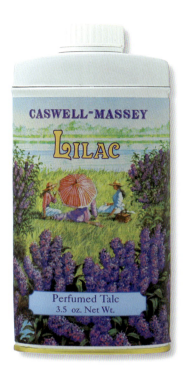

フローラルタルク / USA
きめ細やかで滑らかなボディ用パウダー。
入浴後の肌をすべすべに保ってくれる。

IS：たしろ薬品
M：キャスウェル・マッセイ
問：たしろ薬品
各¥1,400（100g）

ガーデニア

ライラック

① ボディソープ（リフレッシングミント）

キャスマ ボディパウダー / USA
とうもろこしのパウダーと、シルクプロテインが肌
をなめらかに保つ、フローラルブーケの香りのボデ
ィパウダー。

IS：たしろ薬品
M：キャスウェル・マッセイ
問：たしろ薬品
¥3,200（90g）

② ボディミルク（ボディ用乳液）

**フロマリーゼ
アロマテックシリーズ / JAPAN**
素肌だけでなく、心にも働きかけるボディケ
ア。最新の技術で抽出されたハーブエキスが
バランスよく配合され、みずみずしく健やかな
肌に保ってくれる。

IS：ハーバルケア
M：プロマーク
問：ハーバルケア
① ¥2,800（400㎖）② ¥3,000（300㎖）
③ ¥2,500（300㎖）

③ シャンプー（リラクシングラベンダー）

プロバンスサンテ クリームウオッシュ
FRANCE
オリーブオイル配合のリキッドソープ。きめ細や
かな泡が肌をしっとりと洗い上げてくれる。バブ
ルバスとしても使用可能。

IS：グローバル プロダクト プランニング
問：グローバル プロダクト プランニング
¥1,800（500㎖）

ハーバシン スキンファーミング
ボディローション / GERMANY
ヨーロッパを筆頭に世界各国で支持さ
れているハーバシンシリーズのボディロ
ーション。カミツレエキスやアルガンオ
イルなどの植物性保湿成分配合。

IS：ジャンパール
問：ジャンパール
¥1,200（250㎖）

ガーデン オブ ロクシタン / FRANCE
フレッシュなフルーツやスパイス、咲き誇る花
や樹木など、修道院の庭園を彷彿させる、豊か
な香りがつまったボディケア用品。

IS：ロクシタンジャポン
M：ロクシタン
問：ロクシタン青山本店
① ¥2,000（250㎖）② ¥2,400（250㎖）

① バス＆シャワージェル（ネロリローズ）

② パフュームドボディミルク（グリーンティー）

LIVING

① エクスフォリエーティングシャワークリーム

② ボディミルク

クレアーレ クリアボディソープ / JAPAN
天然緑茶エキス配合のボディソープ。肌の老化を抑え、
ニキビやあせもを防ぐ抗菌作用にも優れている。

IS, M, DF：ジーピークリエイツ
間：ジーピークリエイツ
¥1,000（250㎖）

オリーブハーベスト / FRANCE
プロヴァンスの丘陵地帯で栽培された
オリーブから作られた、スクラブタイプの
シャワークリームとボディミルク。

IS：ロクシタンジャポン
M：ロクシタン
間：ロクシタン青山本店
① ¥1,800（250㎖）② ¥2,400（250㎖）

② ピュアシアバター

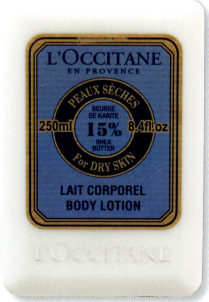

① ボディローション

③ ボディクリーム

シアバターシリーズ / FRANCE
シアの実から抽出される油脂成分を原
料に作られた、ロクシタンのシアバター
シリーズ。肌に栄養とうるおいを与え、
乾燥や日焼けから守ってくれる。

IS：ロクシタンジャポン
M：ロクシタン
間：ロクシタン青山本店
① ¥3,500（250㎖）
② ¥4,500（150㎖）
③ ¥4,800（200㎖）

① NT

② SB

③ MG

ボディバター、ボディスクラブ / JAPAN
古い角質や汚れをやさしく取り除き、うるおいある肌
に洗い上げるボディスクラブと、乾燥しがちな肌のた
めのボディバター。

IS, M：ザ・ボディショップ
DF：ザ・ボディショップ インターナショナル
問：ザ・ボディショップ カスタマーサービスセンター
①②③ ¥2,800（200㎖）④⑤ ¥1,800（200㎖）

⑤ GS

④ CN

アーモンドアロエ シャンプー
USA
天然保湿成分のスィートアーモンドオイル、
アロエエキス、髪の調子を整えるカミツレエ
キスが配合されたシャンプー。

IS：たしろ薬品
M：キャスウェル・マッセイ
問：たしろ薬品
¥1,500（250㎖）

アーモンドアロエ リキッドソープ
USA
しっとりと手肌を洗い上げながら、潤いと
栄養を与えるリキッドソープ。全身に使用出
来る。

IS：たしろ薬品
M：キャスウェル・マッセイ
問：たしろ薬品
¥1,600（240㎖）

ハクビナ ボディクリアピーリング
JAPAN

身体の黒ずみや角質を取り除き、透明感の高い肌に整えるボディケア用品。美肌効果の高いスイスハーブ配合。

IS：バイソン
M：コスメティックジャパン
問：バイソン
¥1,200（190㎖）

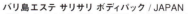

バリ島エステ サリサリ ボディパック / JAPAN

ボディラインのたるみ、脂肪太りが気になる部分にぬるだけで肌をひきしめる、洗い流し不要のボディパック。

IS：バイソン
M：コスメクリエイトプロダクツ
問：バイソン
¥1,000（190㎖）

あかすり ピーリング / JAPAN

肌にうすくひとぬり、軽くこすると驚くほどよく垢がとれる、あかすり専用ローション。

IS：石澤研究所
M：ジャパンビューティプロダクツ
問：石澤研究所
¥1,500（430㎖）

竹炭 シャンプー / JAPAN

竹炭の強い吸着力が、毛穴の奥につまった脂や古い角質を取り除いてくれる、ミネラルイオンたっぷりのシャンプー。

IS, M：日本漢方研究所
問：日本漢方研究所
¥1,600（310㎖）

PC マリン・クレイシャンプー / JAPAN
天然高純度ミネラル含有の微粒子粘土と、海泥
が配合されたヘアシャンプー。髪の衰えやダメ
ージヘアに最適。

IS, DF：パーソナルコスメディック
M：オリエンタルマジック
間：美商
¥4,800（1ℓ）

PC フローラルアロマ コンディショナー
JAPAN
合成香料、合成色素は一切使用せず、11種の
ハーブと3種の精油を配合して作った、ナチュラ
ルタイプのヘアコンディショナー。

IS, M, DF：パーソナルコスメディック
間：美商
¥4,500（1ℓ）

PC 北欧物語 ハーブ シャンプー / JAPAN
北欧スカンジナビア原産の高濃度白樺エキスに、セイヨ
ウハッカなどのエキスをバランスよく配合。地肌をいたわ
りながら髪をやさしく洗い上げる。

IS, DF：パーソナルコスメディック
M：オリエンタルマジック
間：美商
¥3,000（1ℓ）

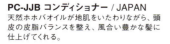

PC-JJB コンディショナー / JAPAN
天然ホホバオイルが地肌をいたわりながら、頭
皮の皮脂バランスを整え、風合い豊かな髪に
仕上げてくれる。

IS, M, DF：パーソナルコスメディック
間：美商
¥1,500（500㎖）

PC マリンエッセンス クレイ
ヘアパック / JAPAN
海から得られる特選美容成分が、髪にうるおいと
光沢を与え、本来の美しさを引き出してくれる、
ダメージヘア用トリートメント。

IS, DF：パーソナルコスメディック
M：オリエンタルマジック
間：美商
¥4,000（790g）

ディープシーウォーターソープ

グリーンティーソープ

枠練り透明石鹸 / JAPAN
無香料、無着色のベーシックソープはじめ、それぞ
れのエキスを加えて作られた、高級枠練り石鹸。

IS, DF：チャーリー
M：ヴィダジャパン
問：チャーリー
各¥250（100g）

ベーシックソープ

チャコールソープ

黒い石鹸

白い石鹸

黒い石鹸、白い石鹸 / JAPAN
樹齢千年の台湾檜から抽出した、香り高い精油を
含む化粧石鹸。黒い石鹸は炭と海泥ですっきりと、
白い石鹸は絹と蜂蜜でしっとりとした洗い上がり。

IS, DF：チャーリー
M：玉の肌石鹸
問：チャーリー
各¥380（80g）

ウオッシュボン ハーバル / JAPAN

ポンプから泡がモコモコ出てくるハンドソープ
と、アミノ酸系洗浄成分が肌をツルツルに洗
い上げてくれるボディソープ。どちらもイランイ
ランとラベンダーのオイルを配合。

IS, M：サラヤ
間：サラヤ
① ￥オープン（250㎖）② ￥800（550㎖）

① 薬用 ハンドソープ

② ボディシャンプー

シャボネット石鹸 F / JAPAN

ヤシノミから生まれた植物性石鹸液。殺菌・消毒効果もある。絵本作
家・五味太郎氏によるイラスト＆デザイン。

IS, M：サラヤ
D：五味太郎
間：サラヤ
￥オープン（250㎖）

① グリーンアップル

② ピーチ

サボン ド マルセイユ / FRANCE

天然エッセンシャルオイルとシアバターが配合された、サボン ド マル
セイユの石鹸。自然のやさしい香りでしっとりと洗い上げる。

IS：ジーピークリエイツ
M, DF：マリウスファーブルジューン社
間：ジーピークリエイツ
① ￥1,000（150g）② ￥800（100g）

リネンウォーター スプレータイプ（ラベンダー）
FRANCE
シーツ、ピロケースなど、アイロンがけの際に生地に直接
吹きつけて使用。ラベンダーのほのかな香りがやさしく
広がる。

IS：ロクシタンジャポン
M：ロクシタン
問：ロクシタン青山本店
¥1,200（500㎖）

リリーオブザヴァリー ルームミスト / USA
すずらんの香りのルームミスト。すがすがしいグリーン系
の香りが室内にほんのり漂う。

IS：たしろ薬品
M：キャスウェル・マッセイ
問：たしろ薬品
¥1,500（90㎖）

リフレッシュウォーター（ローズ）/ JAPAN
花やアロマオイルなどの香りはそのままに、悪臭だけを
選択して消臭してくれる。室内、衣服、靴など幅広く使用
出来る。

IS：グローバル プロダクト プランニング
問：グローバル プロダクト プランニング
¥580（100㎖）

和のお香（コーンタイプ）
JAPAN
心を和らげる和の香りにエッセンシャル
オイルを配合。リラクゼーションはもち
ろん、ペットやたばこの臭いが気になる
時にも。

IS：グローバル プロダクト
　　プランニング
問：グローバル プロダクト
　　プランニング
各¥480（10粒）

まっちゃ　　　　　　さくら　　　　　　あめ

グレープフルーツ　　　オレンジ　　　ニューヨーク　　　ローマ　　　ロンドン　　　グリーンアップル

グリーンフォレスト　　　モーニングミスト　　　イランイラン　　　オレンジ　　　ニューヨーク　　　グレープフルーツ

ローズマリー　　　ハニーサックル　　　レモンバーベナ　　　ローズ　　　カモマイル　　　サバンナ

バニラ　　　ラベンダー　　　カシスオレンジ　　　ローマ　　　エジプト　　　ベルガモット

ココナッツ　　　ユーカリ

アロマエッセンス / JAPAN
香りだけでなくラベル種類も豊富で、見た
目も楽しめる、天然ハーブ精油配合のア
ロマエッセンス。

IS：グローバル プロダクト プランニング
箱：グローバル プロダクト プランニング
各¥580（6〜8ml）

ヤンキーキャンドル / USA
アロマキャンドル史上では世界最大のシェアを
誇るヤンキーキャンドル社の製品。50種以上あ
るキャンドルは、品質だけでなく、ひとつひとつ
のラベルにもこだわって作られている。

IS：グローバル プロダクト プランニング
間：グローバル プロダクト プランニング
各¥360（49g）

サンフラワー　　　　　オーシャンウォーター　　　　　ストームウオッチ

diptyque candle BAIES / FRANCE
カシスの葉とブルガリアンローズの香りの、フ
レグランスキャンドル。グリーンがかったフルー
ティーな香り。

IS：グローバル プロダクト プランニング
間：グローバル プロダクト プランニング
¥4,800（190g）

マーベルフレグランス
INDIA
スティックタイプとコーンタイプの
インドのお香。ちょっと気分を変
えたい時やリラックスしたい時に。

IS, DF：現代百貨／ソ
M：マーベルフレグランス
D：松下洋子
間：現代百貨
各¥450（40ピース）

ラベンダー（スティック）　　　　オーシャンブリーズ（コーン）

ヤシノミ純せっけんA / JAPAN
ヤシノミ100%の高純度せっけん。合成界面活性剤、リン酸塩、エデト酸塩、香料、色素を使用せず作られている。

IS, M：サラヤ
〈問〉：サラヤ
¥320（500㎖）

arau アラウ 台所用せっけん
JAPAN
ヤシから生まれた無添加せっけんに天然ハーブを配合。豊かな泡立ちで油汚れをすっきり落とす、無香料、無着色の製品。

IS, M：サラヤ
〈問〉：サラヤ
¥300（400㎖）

フロッシュ
オレンジ キッチンウオッシュ
GERMANY
オレンジの抽出液から作られた、濃縮タイプの台所用洗剤。1滴でもしっかり汚れが落ち、手にもやさしい。

IS：オフィスオクト／ソ
M：ヴェルナー＆メルツ社
〈問〉：オフィスオクト
¥1,200（500㎖）

ヤシノミ洗剤 / JAPAN
洗浄成分ヤシノミ100%の植物系洗剤。無香料、無着色で肌にも地球にもやさしい。発売されて30年以上になるロングセラー商品。

IS, M：サラヤ
〈問〉：サラヤ
¥500（600㎖）

ウルトラ ダブ リキッド / USA
クリィーミィな泡立ちの食器用洗剤。肌
荒れのひどい時や敏感肌な人に最適。

IS：アメリカンディールス
　　コーポレーション/ソ
M：USA LEVER
間：アメリカンディールス
　　コーポレーション
¥900（434㎖）

ウルトラ ダウニー
エイプリルフレッシュ / USA
液体タイプの衣類用柔軟剤。柔ら
かな肌触りに仕上げてくれ、化学
繊維などに起きやすい静電気も防
いでくれる。

IS：アメリカンディールス
　　コーポレーション/ソ
M：P&G PRODUCTS U.S.A
間：アメリカンディールス
　　コーポレーション
¥1,850（600㎖）

ウルトラ アイボリー
リキッド オリジナル
USA
濃縮タイプの食器用洗剤。肌
にやさしい低刺激性なので、
荒れ性の人や肌が敏感な人
でも安心して利用できる。

IS：アメリカンディールス
　　コーポレーション / ソ
M：P&G PRODUCTS
　　U.S.A
間：アメリカンディールス
　　コーポレーション
¥550（375㎖）

ウルトラパルモリブ
USA
抗菌効果のあるアンチバクテリ
アと、青リンゴの爽やかな香り
が広がるフレッシュグリーンアッ
プルの台所用洗剤。

IS：アメリカンディールス
　　コーポレーション / ソ
M：COLGATE-PALMOLIVE
　　COMPANY New York
間：アメリカンディールス
　　コーポレーション
各¥650（384㎖）

アンチバクテリア　　　　　　　　フレッシュグリーンアップル

① ウォーキングスプレー　　②　マッサージオイル

ペットアロマテラピー / JAPAN
植物精油配合のペット用品。ウォーキングスプレーをお散歩前に吹きかけると、ノミやダニをよせつけなくなる。アロマ効果のあるマッサージオイルはペットをリラックスさせ、ストレス解消にもつながる。

IS, M：ジアス
問：ジアス
① ¥2,400（120㎖）② 2,800（60㎖）

グルームドッグ・アロマテラピー・シャンプー バニラ / USA
質もデザインも、人間用の商品に劣らないものを心がけ、作られた犬用シャンプー。デザインはムンド社を設立した女性、セビー・ケイ自身によるもの。

IS：亘香通商／ジ
M, DF：ムンド社
D：Sevi Kay
問：亘香通商
¥2,000（118㎖）

② 100㎖タイプ

① 500㎖タイプ

ヒルトンハーブ
オーシャンブルー シャンプー
UK
漂白剤など一切使用していない天然ハーブの、芦毛の馬と白い犬用シャンプー。

IS：ピーオー三六／ジ
M：ヒルトンハーブ
問：ピーオー三六
① ¥3,600（500㎖）② ¥900（100㎖）

サンディーズ ティーツリー シャンプー（コンディショナー）
AUSTRALIA
ティーツリーから抽出した植物エキスにトクサなどのハーブを配合した犬用低刺激シャンプー。

IS：ヴォイス・ジャパン／ジ
M：サンディーズナチュラルハーバルプロダクツ
問：ヴォイス・ジャパン
¥1,800（350㎖）

INDEX

ALCHOL

あ

名称	〒	住所	電話
アーク	〒162-0042	東京都新宿区早稲田町70ー8	03-5287-3870
アイ・エス・インターナショナル	〒277-0072	千葉県柏市つくしが丘5-8-6	04-7173-1662
アサヒビール	〒130-8602	東京都墨田区吾妻橋1-23-1	0120-011-121
味の素お客様相談センター	〒104-8315	東京都中央区京橋1-15-1	0120-688-181
アメーズユー プランニング	〒111-0055	東京都台東区三筋1-9-3	03-5833-0766
アメリカンディールスコーポレーション	〒108-0075	東京都港区港南3-5-24　第二港南廣瀬ビル2階	03-3450-7430
アライド コーポレーシ	〒231-0033	横浜市中区長者町5-85 明治生命ラジオ日本ビル7階	045-232-1717
アラミスカスタマーサービス	〒100-6161	東京都千代田区永田町2-11-1　山王パークタワー24階	0120-471-282
アルカン	〒103-0014	東京都中央区日本橋蛎殻町1-5-6 盛田ビルディング	03-3664-6563
飯尾醸造	〒626-0052	京都府宮津市宇小田宿野373	0772-25-0015
石澤研究所	〒150-0001	東京都渋谷区神宮前4-4-9	03-3796-2821
井田ラボラトリーズ	〒162-0845	東京都新宿区市谷本村町1-1	03-3260-0671
岩井の胡麻油	〒221-0035	神奈川県横浜市神奈川区星野町7 番地	045-441-2033
インデアン食品	〒339-0021	埼玉県岩槻市末田1924	048-798-3351
ウイングエース	〒110-0005	東京都台東区上野7-2-7 SAビル1階	
ウェラジャパン コスメティック＆フレグランス事業部	〒105-0014	東京都港区芝3-23-1　13階	0120-167-182
内堀醸造	〒505-0303	岐阜県加茂郡八百津町伊岐津志437	0574-43-1185
海の精	〒160-0023	東京都新宿区西新宿7-22-9	03-3227-5601
大春化学工業所 クレピナハーブ事業室	〒108-0071	東京都港区白金台2-3-11	03-3447-9017
オフィスオクト	〒150-0001	東京都渋谷区神宮前5-41-14	03-3797-5336
オリオンビール	〒901-2551	沖縄県浦添市城間1985-1	098-877-1133

か

名称	〒	住所	電話
カドヤ	〒194-0023	東京都町田市旭町2-4-16	042-723-1752
兼松食品	〒104-0045	東京都中央区築地3-13-5	03-3542-9371
鹿北製油	〒895-2811	鹿児島県伊佐郡菱刈町荒田3070	0995-26-2111
かんずり	〒944-0023	新潟県新井市西条438-1	0255-72-3813
キタノ商事	〒531-0075	大阪府大阪市北区大淀南1-11-8	06-6458-7801
キッコーマン	〒105-8428	東京都港区西新橋2-1-1	03-5521-5111
紀ノ国屋インターナショナル	〒107-0061	東京都港区北青山3-11-7	03-3409-1231
キリンビール	〒104-8288	東京都中央区新川2-10-1	03-5540-3450
九鬼産業お客様相談窓口			0593-96-4889
グローバル プロダクト プランニング	〒168-0082	東京都杉並区久我山1-7-41	03-3333-6100
月桂冠お客様相談室	〒612-8660	京都市伏見区南浜町247	075-623-2040
ゲランお客さま窓口	〒102-0092	東京都千代田区隼町3-16　住友半蔵門ビル	0120-140-677
現代百貨			054-257-6673
五州薬品	〒939-8201	富山県富山市花園町1-1-5	076-424-2661

さ

名称	〒	住所	電話
サッポロビールお客様相談センター	〒150-8686	東京都渋谷区恵比寿4-20-1	0120-207-800
サラヤ	〒546-0013	大阪府大阪市東住吉湯里2-2-8	0120-403-636
サントリー東京支社	〒107-8430	東京都港区元赤坂1-2-3	0120-139-310
三祐食品	〒113-0032	東京都文京区湯島3-14-7	03-3832-2351
三和酒類	〒879-0495	大分県宇佐市大字山本2231-1	0978-32-1431
ザ・ボディショップ カスタマーサービスセンター	〒100-0000	東京都千代田区紀尾井町3-6　紀尾井町パークビル4階	03-5215-6160
シーアイフーズシステムズ	〒107-0062	東京都港区南青山2-2-8 DFビル6階	03-3497-0924
シーズ オブ チェンジお客様相談室			048-991-0219
渋谷油脂	〒651-0071	兵庫県神戸市中央区筒井町2-1-33	078-251-0045
シュウエイトレーディング	〒141-0031	東京都品川区五反田7-22-17　12階	03-5719-0249
白井松新薬	〒103-0023	東京都中央区日本橋本町4-8-16　石河ビル5階	03-3271-8313
ジービークリエイツ	〒530-0044	大阪府大阪市北区東天満2-6-5　I.S南森町ビル9 階	06-6352-0601
ジアス	〒250-0851	神奈川県小田原市曽比1909-1	0465-36-6915
ジェイジョニー	〒144-0082	東京都大田区池上4-23-9	03-3754-9931
ジャフレイ	〒153-0061	東京都目黒区中目黒5-19-7	03-5721-1175
ジャンパール	〒162-0845	東京都新宿区本村町1-1	0120-77-0469
鈴商	〒160-0007	東京都新宿区荒木町23番地	03-3225-1161
スワン	〒108-0075	東京都港区港南2-6-10　三矢ビル7階	03-3450-6088
亘香通商	〒220-0004	神奈川県横浜市西区北幸2-9-30　リバースチールビル	045-335-4845
センターポイント	〒343-0041	埼玉県越谷市千間台西3-2-8	
ソニープラザ	〒107-0061	東京都港区北青山2-12-2	03-5413-8700

た

名称	〒	住所	電話
たしろ薬品	〒221-0835	神奈川県横浜市神奈川区鶴屋町2-20-2　田代ビル	0120-456-886
田辺インターナショナル	〒108-0014	東京都港区芝4-9-2 三富ビル2階	03-3452-3295
タマル商事	〒230-0054	神奈川県横浜市鶴見区大黒ふ頭15番地	045-506-1141
タルティーヌ・ショコラ	〒102-0092	東京都千代田区隼町3-16　住友半蔵門ビル	03-5212-8599
ダブリューダブリュートレーダーズ	〒181-0002	東京都三鷹市牟礼2-18-11	03-5384-8091
チャーリー	〒550-0027	大阪府大阪市西区九条1-27-6　住友金属興産九条ビル1 階	06-6585-1331

東京サービス	〒130-0014	東京都墨田区亀沢4-5-4　プルームビル2階	03-3624-6883
ドーバーフィールドファーイースト	〒143-0016	東京都大田区大森北1-33-4	03-5471-3361

な

ナチュラルサイエンス	〒136-0072	東京都江東区大島7-15-5	0120-122-783
ニールズヤード レメディーズ	〒150-0001	東京都渋谷区神宮前5-1-17	03-5778-3544
日仏貿易	〒150-0002	東京都渋谷区渋谷2-2-8 カケイビル青山	03-5464-5551
日本漢方研究所	〒950-0965	新潟県新潟市新光町16-4	025-283-2223
野澤組	〒100-0005	東京都千代田区丸の内3-4-1	03-3216-3464
ノニノニインターナショナル	〒581-0038	大阪府八尾市若林町1-70-1-103	0729-49-3223

は

ハーシー ジャパン	〒105-0011	東京都港区芝芝公園1-6-7　ランドマークプラザ8F	03-3435-0331
ハーバルケア	〒103-8355	東京都中央区日本橋小舟町5-1	0120-880-317
ハウス オブ ローゼ	〒107-8625	東京都港区赤坂2-21-7	0120-126-860
ハウス食品	〒102-8560	東京都千代田区紀尾井町6-3	03-3264-1231
バイソン	〒536-0014	大阪府大阪市城東区鴫野西5-19-38	06-6963-6351
パルファム ジバンシイ	〒102-0092	東京都千代田区隼町3-16　住友半蔵門ビル	03-3264-3941
廣島	〒814-0104	福岡県福岡市城南区別府2-9-1	092-821-6338
廣屋インターナショナル	〒103-0016	東京都中央区日本橋小網町3-17　近仁ビル4F	03-3667-7091
be-wood	〒187-0043	東京都小平市学園東町3-6-1	042-332-0851
美商	〒213-0014	神奈川県川崎市高津区新作6-3-37	044-870-3002
Vijyay	〒136-0072	東京都江東区大島2-3-11　INGビル2階	03-5626-5151
ピーオー三六	〒150-0002	東京都渋谷区渋谷1-1-6　MF青山501	03-3400-1086
ブルーベル・ジャパン（香水）	〒107-0062	東京都港区南青山1-15-14 新乃木坂ビル4階	03-5413-1070
ブルーベル・ジャパン（コーダリー窓口）	〒107-0062	東京都港区南青山1-15-14 新乃木坂ビル4階	03-5413-1203
ブルーメン・ハウス	〒160-0022	東京都新宿区3-23-12	0120-060-802
プチマージュ	〒112-0013	東京都文京区音羽1-15-12-409	03-5978-9765
ペスカ	〒259-1131	神奈川県伊勢原市伊勢原1-14-18	0463-93-6005
ペリカン石鹸	〒105-0003	東京都港区西新橋3-3-3	03-3432-0301
ヴォイス・ジャパン	〒491-0912	愛知県一宮市新生4-4-7-102	0586-47-7123

ま

マースティー カンパニー	〒154-0017	東京都世田谷区世田谷2-25-2　コリンズ67＃201	03-3706-4955
マスコットフーズ	〒141-8559	東京都品川区西五反田5-23-2	0120-481-499
松山油脂お客様窓口	〒106-0031	東京都港区西麻布2-26-18	0120-800-642
マンダムお客さま相談室	〒540-8530	大阪市中央区十二軒町5-12	0120-373-337
ミナト商会	〒108-0073	東京都港区三田3-1-7	03-5730-8081
明色化粧品	〒552-0012	大阪府大阪市港区市岡2-4-30	06-6571-2468
明治屋（食品）	〒104-8302	東京都中央区京橋2-2-8	03-3271-1120
明治屋（酒）	〒104-8302	東京都中央区京橋2-2-8	03-3271-1118
メリタジャパンお客様相談センター	〒105-0011	東京都港区芝公園2-6-3　abc会館9F	0120-33-0212
メルシャン	〒104-0031	東京都中央区京橋1-5-8	03-3231-3910
盛田	〒460-0008	名古屋市中区栄1-7-34	052-229-1606
モンテ物産	〒151-0063	東京都渋谷区富ケ谷2-18-3	0120-34-8566

や

柳屋本店	〒103-0002	東京都中央区日本橋馬喰町1-10-6　プレクシードビル	03-3808-2654
ユーサイド	〒611-0041	京都府宇治市槙島町十一66	0774-24-7417
ユウキ食品	〒182-0033	東京都調布市富士見町1-2-2	0120-695-321
ユキ コスメティックス	〒658-0056	兵庫県神戸市東灘区御影町城の前1438-18　美洋サンヴィラB02	078-856-5633
豊産業	〒108-0075	東京都港区港南2-12-32 サウスポート品川ビル7F	03-5462-8321
夢みなとビール	〒684-0046	鳥取県境港市竹内団地56	0859-47-3388

ら

ライオン	〒130-8644	東京都墨田区本所1-3-7	03-3621-6611
リードオブジャパン	〒106-0032	東京都港区六本木7-18-23六本木DKビル2階	03-3403-8410
リサージ	〒108-8080	東京都港区海岸3-20-20	03-5446-3160
レインボー食品	〒729-2316	広島県竹原市忠海中町1-1-25	0120-062-565
レピシエ	〒150-0034	東京都渋谷区代官山8-13	0120-111-636
ロクシタン青山本店	〒107-0061	東京都港区北青山3-5-18	03-3497-1777

わ

ワールドトレーディング	〒106-0032	東京都港区六本木7-15-13 六本木ダイヤハイツ410	03-5411-7241
ワールドリンク	〒113-0033	東京都文京区本郷1-25-3	03-5840-9511
わかば	〒110-8553	東京都台東区台東4-8-5	03-5688-1025

Designer
ウエマツ・ノボル
Noboru Uematsu

林　国和
Kunikazu Hayashi

Editor
小間浩子
Hiroko Koma

新井アキヨ
Akiyo Arai

渡邉陽子
Youko Watanabe

Creative Director
世浪　淳
Jun Yonami

Translator
パメラ・三木
Pamela Miki

Photographer
増田　智
Satoshi Masuda

Publisher
三芳伸吾
Shingo Miyoshi

Bottle Label Collection
ボトルラベルコレクション

2003年8月2日初版第1刷発行

発行所　ピエ・ブックス

〒170-0005 東京都豊島区南大塚2-32-4
編集 Tel: 03-5395-4820　Fax: 03-5395-4821
営業 Tel: 03-5395-4811　Fax: 03-5395-4812

印刷・製本　（株）サンニチ印刷
© 2003 by PIE BOOKS
ISBN4-89444-281-7 C3070
Printed in Japan